중국어, 이젠 즐기세요!

JRC快乐汉语
创造美好未来

www.JRChina.com

쉽고 재미있게 배우는 중국어의 정석!

중국어 회화 시리즈

회화의 기본 표현 마스터
생생한 표현과 살아 있는 문장 수록

스피킹 중국어 시리즈
입문·초급

스피킹 중국어
첫걸음

스피킹 중국어
첫걸음 Level up

스피킹 중국어
입문

스피킹 중국어
초급 上

스피킹 중국어
초급 下

고급 프리토킹 능력 습득
주제별 회화 학습 가능

스피킹 중국어 시리즈
초중급·고급

스피킹 중국어
실력향상

스피킹 중국어
중급 上

스피킹 중국어
중급 下

스피킹 중국어
고급 上

스피킹 중국어
고급 下

재미와 감동, 문화까지 독해
어법과 어감을 통한 작문
이론과 트레이닝의 결합! 어법
60가지 생활 밀착형 회화 듣기

맛있는 중국어
기본서 시리즈

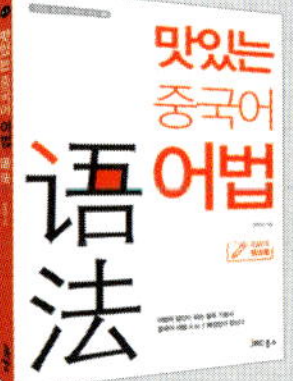

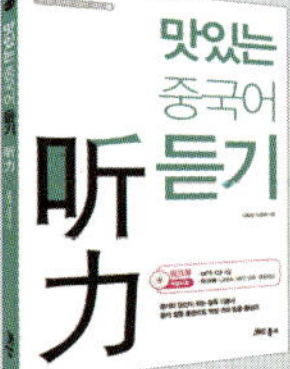

맛있는 중국어
독해 ❶·❷

맛있는 중국어
작문 ❶·❷

맛있는 중국어
어법

맛있는 중국어
듣기

제대로 알고 쓰는 간체자
정확히 알고 말하는 필수 단어

맛있는 중국어
쓰기·단어

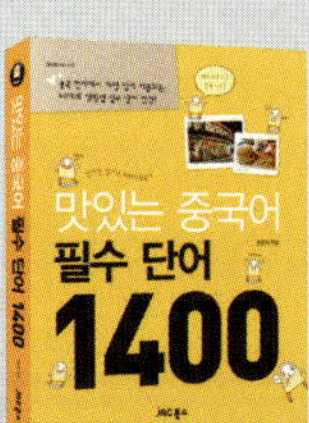

맛있는 중국어
간체자 391

맛있는 중국어
필수 단어 1400

北京语言大学

목표 달성 중국어

Level **1**

목표 달성 중국어 Level **1**

초판 1쇄 발행	2016년 10월 25일
초판 3쇄 발행	2018년 2월 10일

편저	吴中伟 ǀ 高顺全 ǀ 陶炼
편역	박정순
발행인	김효정
발행처	맛있는books
등록번호	제2006-000273호
편집	이소연 ǀ 김소연 ǀ 조해천
디자인	신은지 ǀ 최여람
제작	박선희
영업	김영한 ǀ 강민호
홍보	이지연
웹마케팅	오준석 ǀ 김희영
삽화	박은미

주소	서울 강남구 테헤란로 109, 8층
전화	구입문의 02·567·3861 ǀ 02·567·3837
	내용문의 02·567·3860
팩스	02·567·2471
홈페이지	www.booksJRC.com

ISBN	978-89-98444-80-8 14720
	978-89-98444-79-2 (세트)

정가	13,500원(본책+워크북+MP3 CD 1장 포함)

《拾级汉语》
吴中伟 高顺全 陶炼 主编
9787561917404
Copyright © 2007 by Beijing Language and Culture University Press
All rights reserved
KOREA copyright © 2016 by JRC BOOKS
KOREAN edition arranged with Beijing Language and Culture University Press

목표 달성 중국어

吴中伟 · 高顺全 · 陶炼 편저

박정순 편역

Level **1**

『목표 달성 중국어』로 여러분의 목표를 달성해 보세요!

『**목표 달성 중국어**』는 북경어언대학에서 출간한 『拾级汉语(综合课本)』의 한국어판입니다. 『拾级汉语』는 대외 한어에 대한 교육법을 다년간 연구한 교수진에 의해 공동 기획 및 집필된 교재입니다. 중국에서 출간되기 전에 이미 복단대학 국제문화교류학원에서 실제 수업에 사용하여 검증을 마친 양질의 콘텐츠가 수록된 교재로, 한국어판은 한국 학습자들의 요구에 맞춰 의사소통 중심으로 최적화되었습니다.

『**목표 달성 중국어**』는 국가 한반(汉办)에서 제시한 「고등교육기관 외국 유학생 중국어 교육 요강」을 바탕으로 종합적으로 설계되었습니다. 학습자는 듣기, 말하기, 읽기, 쓰기 각 영역의 언어 능력을 발전시키고 중국어 의사소통 능력을 배양할 수 있습니다. 회화 내용의 재미와 실용성을 중시하여 일상생활, 교제, 사회 생활 등과 직접적으로 연관되는 주제를 선정하였고, 단계별로 주제가 연계되어 있어 주제 확장 및 반복 학습이 가능합니다. 어법 설명은 간략하고 중점적인 부분에 치중하였으며, 발음 연습, 문형 연습, 회화 연습 등 코너는 학습자의 이해력과 언어 학습의 교제 능력을 고려하여 설계했습니다.

『**목표 달성 중국어 Level 1**』은 발음, 회화, 한자 쓰기 이 세 가지에 집중하여 학습자들이 한 걸음 더 나아갈 수 있도록 기초를 닦는 데 주안점을 두었습니다.

『**목표 달성 중국어 Level 1**』은 발음과 5과, 회화과 5과, 복습과 2과로, 총 12과로 구성되어 있습니다. 중국어 입문자를 대상으로 한 교재로, 앞의 다섯 과는 발음과로 발음을 체계적으로 학습합니다. 회화 문장도 발음 위주로 짜여 있습니다. 뒤의 다섯 과는 회화과로 중국어의 기초 문형을 바탕으로 한 종합적인 중국어를 학습합니다.

연계 심화 학습이 가능합니다.

발음과와 회화과는 서로 주제가 연계되어 있으며, 회화과에서는 확장된 문장을 학습할 수 있습니다. 발음 학습도 전체 과에서 연속적으로 심화 학습이 가능합니다.

간결하게 핵심만 정리되어 있습니다.

언어의 뼈대를 이해하고 말하기 능력을 향상시키기 위해서는 어법 체계를 알아야 합니다. 이론적인 내용보다는 간결한 설명과 쉬운 예문을 통해 기초 학습자가 쉽게 이해할 수 있습니다.

반복적이고 능동적으로 학습할 수 있습니다.

회화와 표현 및 어법이 고리처럼 매 과에서 서로 연결되어 있어 자연스럽게 반복 학습이 가능합니다. 참여형 연습 문제는 학습자에게 동기를 부여하여 학습 성취도를 높일 수 있습니다.

이렇게 구성된 『**목표 달성 중국어**』로 차근차근 학습한다면 중국어의 기초를 확실히 다질 수 있습니다. 이 책으로 학습하는 여러분들의 중국어 실력이 더욱 탄탄해지길 기원합니다.

JRC중국어연구소

1 Nǐ hǎo! _21
안녕하세요!

음절 구조 / 성조 / 성모 / 운모

2 Wǒ xuéxí Hànyǔ. _31
나는 중국어를 배워요.

단운모 : a, o, e, i, u, ü
성모(1) : b, p, m, f, d, t, n, l

3 Nǐmen yào shénme? _41
무엇을 원하세요?

a, o, e로 시작하는 운모 : ai, ao, an, ang, ou, ong, ei, en, eng
성모(2) : g, k, h

4 Duōshao qián? _51
얼마예요?

결합운모(1) i 결합운모 – ia, ie, iao, iou, ian, in, iang, ing, iong
　　　　　　 ü 결합운모 – üe, üan, ün
성모(3) – j, q, x

5 Jīntiān xīngqī jǐ? _61
오늘은 무슨 요일이에요?

결합운모(2) u 결합운모 – ua, uo, uai, uei, uan, uen, uang, ueng
성모(4) – z, c, s, zh, ch, sh, r
권설운모 – er

6 1~5과 복습 _71

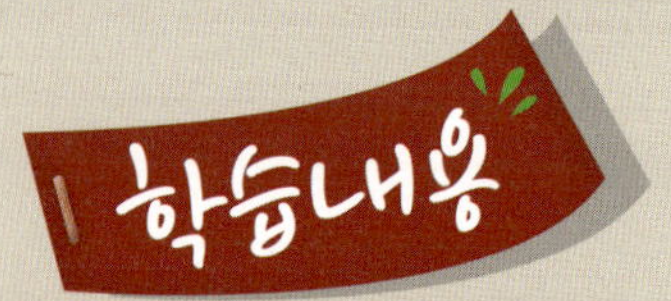

• 목표 달성 중국어 Level 1 •

과	단원명	핵심 구문	학습 포인트		중국통
1	**Nǐ hǎo!** 안녕하세요!	• Nǐ hǎo! • Wǒ shì Hánguó rén. • Nín guìxìng? • Wǒ xìng Lǐ.	**발음**	• 음절 구조 • 성조 • 성모 • 운모	가까운 이웃 나라 중국
			회화	• 인사하기 • 국적 묻기 • 성씨 묻기	
2	**Wǒ xuéxí Hànyǔ.** 나는 중국어를 배워요.	• Nǐ xuéxí shénme? • Wǒ xuéxí Hànyǔ. • Nǐ zhù nǎr? • Wǒ zhù sùshè.	**발음**	• 단운모 : a, o, e, i, u, ü • 성모(1) : b, p, m, f, d, t, n, l	보통화와 간체자
			회화	• 학습에 관해(1) • 사는 곳 물어보기	
3	**Nǐmen yào shénme?** 무엇을 원하세요?	• Nǐmen yào shénme? • Hái yào shénme? • Qǐngwèn, fùjìn yǒu yínháng ma?	**발음**	• a, o, e로 시작하는 운모 : ai, ao, an, ang, ou, ong, ei, en, eng • 성모(2) : g, k, h	중국의 국토와 지형
			회화	• 주문하기 • 장소 묻기	

4	**Duōshao qián?**
	얼마예요?
		• Zhège jiào shénme?
		• Duōshao qián?
		• Qī kuài wǔ máo.
			발음	• 결합운모(1)
				  i 결합운모 : ia, ie, iao, iou, ian, in, iang, ing, iong
				  ü 결합운모 : üe, üan, ün
				• 성모(3) : j, q, x
					중국의 행정 구역

			회화	• 사물 묻기 • 가격 묻기	
5	**Jīntiān xīngqī jǐ?** 오늘은 무슨 요일이에요?	• Jīntiān xīngqī jǐ? • Jīntiān xīngqīyī. • Jīntiān jǐ hào? • Jīntiān shí'èr yuè èrshíwǔ hào.	**발음**	• 결합운모(2) u 결합운모 : ua, uo, uai, uei, uan, uen, uang, ueng • 성모(4) : z, c, s, zh, ch, sh, r • 권설운모 er	중국의 수도 베이징
			회화	• 요일 묻기 • 날짜 묻기 • 학습에 관해(2)	
6			1~5과 **복습**		

7~11과 복습

과	단원명	핵심 구문	학습 포인트	중국통
7	您贵姓? 당신은 성이 어떻게 되나요?	· 你叫什么名字? · 我叫林娜。 · 你们都是英国人吗? · 我是法国人，他是英国人。	회화 · 이름 묻고 답하기 · 국적 말하기 어법 · 중국어의 기본 문형 · 의문문의 어순 · 吗를 사용한 의문문 · 부사 不, 也, 都	중국인의 성씨
8	你住哪儿? 당신은 어디에 사나요?	· 去哪儿? · 我住北京路328号。 · 你的电话号码是多少? · 今天晚上我不在家。	회화 · 택시 타기 · 거주지 묻고 답하기 · 연락처 물어보기 어법 · 숫자 읽는 법 · 번호 읽는 법 · 시간명사의 위치	중국의 전통 가옥 사합원
9	我要买两本词典。 저는 사전 두 권을 사려고 해요.	· 明天没有课，你干什么? · 我要买两本词典。 · 咱们一起去，好吗?	회화 · 계획 묻기 · 약속하기 어법 · 有와 没有 · 양사 · 二과 两	중국의 쇼핑 명소
10	这本词典是谁的? 이 사전은 누구의 것이에요?	· 这是你的书吗? · 这本词典是谁的? · 我可以借一下儿你的电脑吗?	회화 · 물건 주인 찾기 · 물건 빌리기 어법 · 지시대사+수사+양사+명사 · 동사+一下儿 · 的자 구조	중국의 4대 명저
11	那件衣服很便宜。 그 옷은 아주 싸요.	· 这些衣服怎么样? · 非常便宜，可是不太漂亮。 · 多少钱? · 二百二十块。	회화 · 쇼핑하기 · 가격 묻기 어법 · 有자문 · 几와 多少 · 금액 읽기 · 형용사술어문	중국의 화폐
12			7~11과 **복습**	

생생하고 정확한 중국어!

생활 속 중국어가 각 과에 사슬처럼 엮여 있어
자연스럽게 반복 학습이 가능합니다.

tip 회화에 제시된 표현을 정리했습니다.

회화에서 배울 단어 학습!

「중국어 인사 표현」「중국어 잰말놀이」「중국
어 노래」「이미지로 익히는 단어」등 다양한
콘텐츠도 함께 수록되어 있습니다.

간단하고 명료한 설명!

중국어의 뼈대를 이루는 어법을 알기 쉽게
설명했습니다. 「확인 체크」를 통해 학습 내
용을 체크해 보세요.

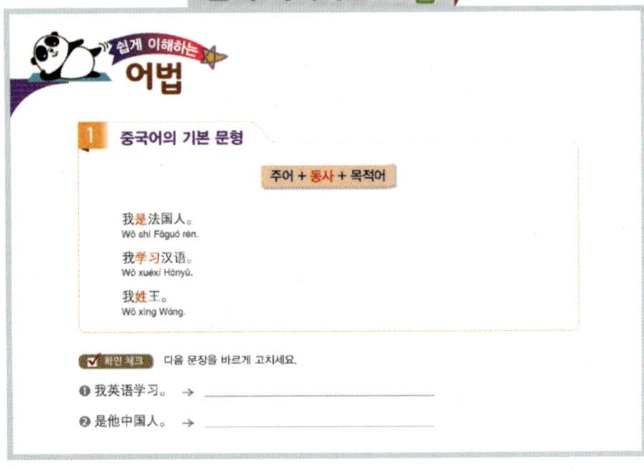

체계적인 발음 학습!

중국어 발음 정보를 학습한 후, 성모와 운모의 결합으로 발음을 자연스럽게 익혀 보세요.

tip 발음 방법
발음하기 어려운 발음은 그림으로 제시했습니다.

체크✓체크
학습한 발음은 녹음을 들으며 큰 소리로 읽어 보세요.

발음 POINT!
주의할 발음이나 표기 방법을 상세히 정리했습니다.

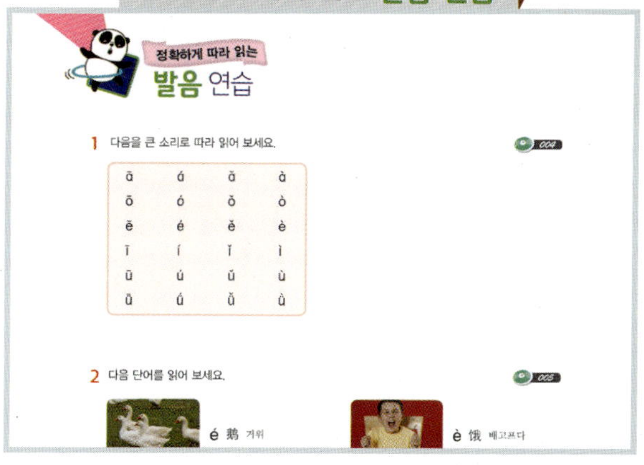

다각화된 발음 트레이닝!

성모와 운모 구별하기, 성조 결합 읽기, 주의해야 할 발음 익히기 등 다양한 문제를 통해 중국어 발음에 자신감을 길러 보세요.

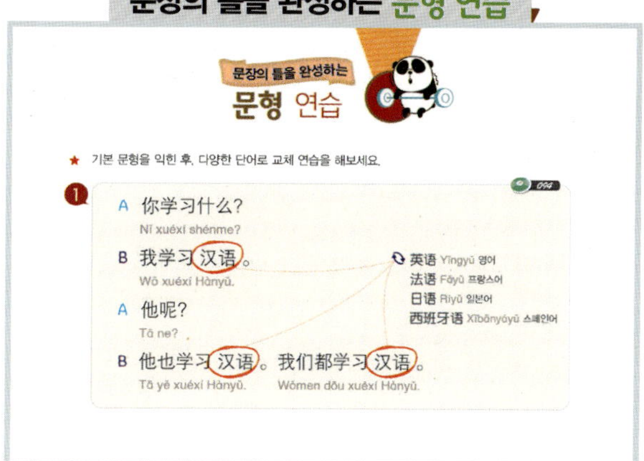

회화의 기본은 문형!

회화를 통해 기본 문형을 익힌 후, 다양한 단어로 교체 연습하면서 회화 실력을 한층 더 업그레이드해 보세요.

연습 문제로 마무리!

기본에서 실력까지 탄탄한 문제 해결력을 키울
수 있습니다.

중국과 중국어에 대한 정보를 소개했습니다.
「좀 더 알아보세요!」를 능동적으로 조사하면
서 중국에 대해 스스로 흥미를 가질 수 있습
니다.

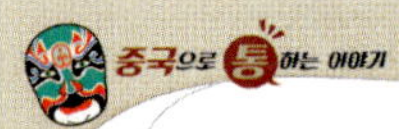

단어장

❶ 165~176쪽 단어장을 점선을 따라 잘라 주세요.
❷ 하단에 표시된 쪽수에 따라 정리해 주세요.
❸ 표시된 부분을 뚫고 고리로 연결한 후,
  출퇴근, 등하교 시간에 암기 단어장으로 활용해 보세요.

이렇게 활용해 보세요!

- 녹음을 들으며 단어를 따라 읽으세요.
- 우리말 뜻을 보고 중국어 단어를 말해 보세요.
- 우리말 뜻에 해당하는 중국어를 써보세요.

*MP3 파일은 맛있는북스 홈페이지(www.booksJRC.com)에서 무료로 다운로드 할 수 있습니다.

看&写 간체자를 정확하게 따라 쓰고 바르게 익혀 보세요.

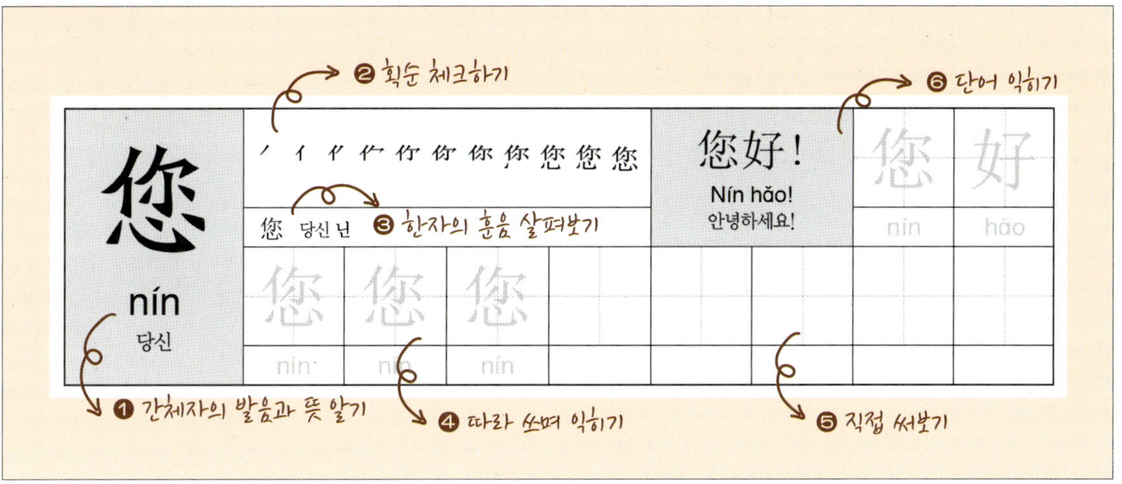

听&说

녹음을 듣고 회화 문장을 따라 쓰며, 듣기와 말하기 능력을 향상시켜 보세요.

이렇게 활용해 보세요!

- 녹음을 들으며 빈칸에 알맞은 병음을 쓰세요.
- 회화 문장을 따라 써보세요.
- 문장이 입에서 자연스럽게 나올 때까지 반복해서 말해 보세요.

听&说 녹음을 들으며 빈칸을 채운 후, ...

회화 01

林娜　老师，您贵姓?
　　　Lǎoshī, nín ________?

王老师　我姓王。
　　　Wǒ ______ Wáng.

林娜　王老师，您好!
　　　Wáng lǎoshī, nín hǎo!

读&写

회화의 내용을 본문으로 정리했습니다. 문장을 읽는 독해력과 글을 쓰는 문장력을 함께 배양해 보세요.

이렇게 활용해 보세요!

- 녹음을 들으며 성조를 표시하세요.
- 회화 내용을 떠올리며 본문을 읽어 보세요.
- 본문을 해석해 보세요.
- 본문의 내용을 참고하여 자신의 입장에서 말해 보세요.

读&写 본문을 읽으며 독해 능력을 길러 ...

STEP 1　녹음을 들으며 성조를 ...

我叫林娜，是法国人...
Wǒ jiào Línnà,　shi Faguo ren,

大卫，是英国人。他也学...
Dawei,　shi Yingguo ren.　Ta ye xuexi

她叫马小红，大卫叫她小...
Ta jiao Ma Xiaohong, Dawei jiao ta Xiao...

Q 중국어와 보통화는 다른 말인가요?

A 중국은 56개 민족으로 구성된 다민족 국가로, 그중 한족이 90% 이상을 차지해요. 우리가 배우는 언어가 한족의 언어, 즉 **한어**(汉语 중국어)죠. 하지만 중국어는 다양한 방언이 있는데요, 심할 경우에는 의사소통에 어려움이 있어요. 이러한 문제를 해결하기 위해 1949년 중화인민공화국이 성립된 이후에, '북방 방언을 기초로 하고, 베이징 발음을 기준으로 하여, 현대 우수한 문학 작품의 중국어 문법을 표본으로 한' 표준어를 제정했는데, 이것을 **보통화**(普通话)라고 해요.

Q 중국에서 쓰는 한자와 우리나라에서 쓰는 한자가 같나요?

A 우리나라에서 쓰는 한자는 정자인 **번체자**(繁体字)고, 중국에서 쓰는 한자는 번체자를 간소화시킨 **간체자**(简体字)예요.

韓國	韩国
번체자	간체자

Q 중국어 발음은 어떻게 표기하나요?

A 한자는 표의 문자, 즉 뜻글자인데요, 글자가 의미만을 나타내기 때문에 어떻게 읽어야 하는지 알 수 없어요. 중국에서는 라틴 자모를 공식적으로 채택하여 한자의 발음을 표기했는데, 이것을 **한어병음**(汉语拼音)이라고 해요. 한어병음은 1958년 「한어병음방안(汉语拼音方案)」에 따라 한자음을 표기하는 부호로 공식적으로 제정되었으며, 일반적으로 '병음'으로 약칭한답니다.

우리나라	韓國 한국
중국	韩国 Hánguó

한어병음

Q 중국어는 노래하는 것 같아요.

A 중국어에는 성조가 있어요. 성조(**声调**)란 소리의 높낮이를 말하는데요, 기본적으로 제1성(—), 제2성(／), 제3성(∨), 제4성(＼)이 있어요. 발음이 같더라도 성조에 따라 의미가 달라지기 때문에 중국어에서 성조는 매우 중요하답니다.

제1성	제2성	제3성	제4성
mā	má	mǎ	mà
妈	麻	马	骂
엄마	삼베	말	욕하다

Q 중국어는 우리말과 어순이 같나요?

A 중국어는 우리말과 어순이 달라요. 중국어의 기본 어순은 '주어+술어+목적어'예요. '워 츠 판'은 '나는 밥을 먹습니다'라는 뜻인데요, 이 말을 어순대로 해석하면 '나는 먹습니다 밥을'이 되죠. 즉, 중국어는 술어가 목적어 앞에 온답니다.

我　　吃　　饭。

Wǒ　　chī　　fàn.

↓　　↓　　↓

나　　먹다　　밥

Q 중국어는 영어와 어순이 같은데요, 중국어도 영어처럼 형태 변화가 있나요?

A 우리말은 격에 따라 '은(는), 이(가), 을(를)' 등 다양한 조사를 쓰고, 영어는 시제와 격에 따라 'go, goes, going, went, gone' 등 형태가 변하지만, 중국어는 인칭이나 시제에 따라 형태가 변하지 않아요. 대신에 시간을 나타내는 명사, 부사, 조사 등을 써서 시제 변화를 나타내죠.

Q 중국어에도 띄어쓰기가 있나요?

A 중국어는 우리말과 달리 띄어쓰기가 없어요. 즉 '나는 밥을 먹어요'는 중국어로 '我吃饭'이라고 붙여서 쓴답니다.

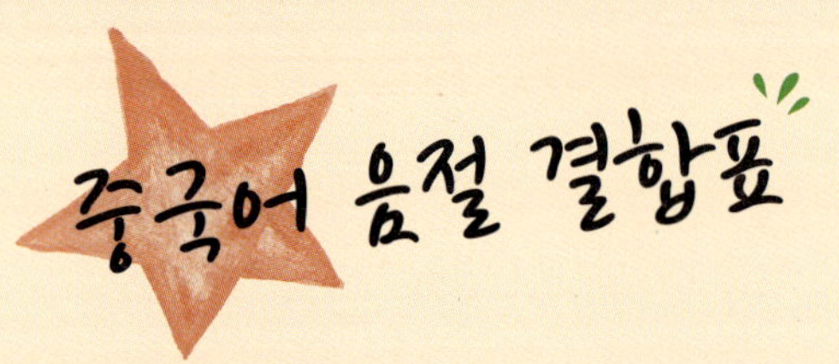

운모 성모	a	o	e	-i	er	ai	ei	ao	ou	an	en	ang	eng	ong	i	ia	iao	ie
b	ba	bo				bai	bei	bao		ban	ben	bang	beng		bi		biao	bie
p	pa	po				pai	pei	pao	pou	pan	pen	pang	peng		pi		piao	pie
m	ma	mo	me			mai	mei	mao	mou	man	men	mang	meng		mi		miao	mie
f	fa	fo					fei		fou	fan	fen	fang	feng					
d	da		de			dai	dei	dao	dou	dan	den	dang	deng	dong	di		diao	die
t	ta		te			tai		tao	tou	tan		tang	teng	tong	ti		tiao	tie
n	na		ne			nai	nei	nao	nou	nan	nen	nang	neng	nong	ni		niao	nie
l	la		le			lai	lei	lao	lou	lan		lang	leng	long	li	lia	liao	lie
z	za		ze	zi		zai	zei	zao	zou	zan	zen	zang	zeng	zong				
c	ca		ce	ci		cai		cao	cou	can	cen	cang	ceng	cong				
s	sa		se	si		sai		sao	sou	san	sen	sang	seng	song				
zh	zha		zhe	zhi		zhai	zhei	zhao	zhou	zhan	zhen	zhang	zheng	zhong				
ch	cha		che	chi		chai		chao	chou	chan	chen	chang	cheng	chong				
sh	sha		she	shi		shai	shei	shao	shou	shan	shen	shang	sheng					
r			re	ri				rao	rou	ran	ren	rang	reng	rong				
j															ji	jia	jiao	jie
q															qi	qia	qiao	qie
x															xi	xia	xiao	xie
g	ga		ge			gai	gei	gao	gou	gan	gen	gang	geng	gong				
k	ka		ke			kai	kei	kao	kou	kan	ken	kang	keng	kong				
h	ha		he			hai	hei	hao	hou	han	hen	hang	heng	hong				
단독 쓰임	a	o	e		er	ai	ei	ao	ou	an	en	ang	eng		yi	ya	yao	ye

iou (iu)	ian	in	iang	ing	iong	u	ua	uo	uai	uei (ui)	uan	uen (un)	uang	ueng	ü	üe	üan	ün
	bian	bin		bing		bu												
	pian	pin		ping		pu												
miu	mian	min		ming		mu												
						fu												
diu	dian			ding		du		duo		dui	duan	dun						
	tian			ting		tu		tuo		tui	tuan	tun						
niu	nian	nin	niang	ning		nu		nuo			nuan				nü	nüe		
liu	lian	lin	liang	ling		lu		luo			luan	lun			lu	lue		
						zu		zuo		zui	zuan	zun						
						cu		cuo		cui	cuan	cun						
						su		suo		sui	suan	sun						
						zhu	zhua	zhuo	zhuai	zhui	zhuan	zhun	zhuang					
						chu	chua	chuo	chuai	chui	chuan	chun	chuang					
						shu	shua	shuo	shuai	shui	shuan	shun	shuang					
						ru	rua	ruo		rui	ruan	run						
jiu	jian	jin	jiang	jing	jiong										ju	jue	juan	jun
qiu	qian	qin	qiang	qing	qiong										qu	que	quan	qun
xiu	xian	xin	xiang	xing	xiong										xu	xue	xuan	xun
						gu	gua	guo	guai	gui	guan	gun	guang					
						ku	kua	kuo	kuai	kui	kuan	kun	kuang					
						hu	hua	huo	huai	hui	huan	hun	huang					
you	yan	yin	yang	ying	yong	wu	wa	wo	wai	wei	wan	wen	wang	weng	yu	yue	yuan	yun

Shàng kè. 上课。	수업을 시작합니다.
Xià kè. 下课。	수업을 마칩니다.
Xiànzài xiūxi yíxià. 现在休息一下。	지금 잠깐 쉬어요.
Xiànzài jìxù shàng kè. 现在继续上课。	이제 이어서 수업해요.
Qǐng dǎkāi shū, fāndào dì-sān yè. 请打开书，翻到第三页。	3쪽을 펴주세요.
Qǐng tīng lùyīn. 请听录音。	녹음을 들어 보세요.
Qǐng gēn wǒ dú. 请跟我读。	저를 따라 읽어 보세요.
Qǐng dú yíxià. 请读一下。	읽어 보세요.
Qǐng xiě yíxià. 请写一下。	써보세요.
Qǐng fānyì yíxià. 请翻译一下。	번역해 보세요.
Duì bu duì? 对不对？	맞나요? 틀리나요?
Duì. 对。	맞아요.
Bú duì. 不对。	틀렸어요.
Hěn hǎo. 很好。	잘했어요.
Qǐng kàn hēibǎn. 请看黑板。	칠판을 보세요.
Xiànzài tīngxiě. 现在听写。	이제 받아쓰기를 합니다.

Xiànzài zuò liànxí.
现在做练习。

이제 연습을 해봅시다.

Jīntiān de zuòyè shì liànxí yī hé liànxí èr.
今天的作业是练习一和练习二。

오늘 숙제는 연습 문제 1과 2입니다.

Qǐng zài shuō yí biàn.
请再说一遍。

다시 한 번 말씀해 주세요.

Zhè shì shénme yìsi?
这是什么意思?

이것은 무슨 뜻이에요?

……(Hànyǔ) zěnme shuō?
……(汉语) 怎么说?

~는 (중국어로) 어떻게 말해요?

……(Hànzì) zěnme xiě?
……(汉字) 怎么写?

~는 (한자로) 어떻게 써요?

일러두기

품사명	약어
명사	명
동사	동
형용사	형
부사	부
수사	수
양사	양
개사	개

품사명	약어
고유명사	고유
인칭대사	대
의문대사	대
지시대사	대
어기조사	조
동태조사	조
구조조사	조

품사명	약어
조동사	조동
접속사	접
감탄사	감탄
접두사	접두
접미사	접미

★ 고유명사 표기 ★

중국의 지명, 기관 등의 명칭은 중국어 발음을 한국어로 표기하였고, 인명은 각 나라에서 실제로 읽히는 발음을 한국어로 표기했습니다.

예 北京 Běijīng 베이징 | 马小红 Mǎ Xiǎohóng 마샤오훙 | 大卫 Dàwèi 데이비드

린나

林娜
Línnà

프랑스인, 20대, 유학생

데이비드

大卫
Dàwèi

영국인, 20대, 직장인

다나카

田中
Tiánzhōng

일본인, 30대,
린나의 룸메이트

알렉산더

亚历山大
Yàlìshāndà

러시아인, 20대,
유학생

목표 달성 중국어

Level **1**

이대중

李大中
Lǐ Dàzhōng

한국인, 20대, 직장인

왕린

王林
Wáng Lín

화교, 20대,
이대중의 룸메이트

마샤오훙

马小红
Mǎ Xiǎohóng

중국인, 20대, 대학생

왕 선생님

王老师
Wáng lǎoshī

중국인, 30대,
중국어 선생님

\발음/

음절 구조 / 성조 / 성모 / 운모

\회화/

인사하기 / 국적 묻기 / 성씨 묻기

중국어 발음

1 음절 구조

1 중국어의 음절은 성모, 운모, 성조로 구성되어 있다.

2 성모 없이 운모와 성조만으로 음절을 구성할 수 있다. **예** ā é

2 성조 음절의 높낮이를 표시한 것으로, 중국어의 표준어인 보통화에는 네 개의 성조가 있다.

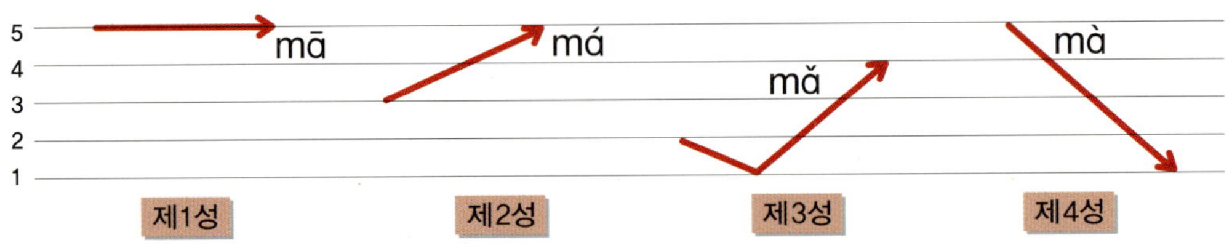

- 제1성 (‒) 고음으로 시작하여 같은 음으로 끝까지 이어준다.
- 제2성 (´) 중간 음에서 시작하여 고음으로 끌어올려 준다.
- 제3성 (ˇ) 약간 낮은 음에서 가장 낮은 음으로 떨어뜨렸다가 다시 올려 준다.
- 제4성 (`) 높은 음에서 낮은 음으로 뚝 떨어뜨리며 소리 낸다.

1 성조가 달라지면 의미도 달라진다.

mā 妈 엄마 | má 麻 삼베 | mǎ 马 말 | mà 骂 욕하다

2 성조는 주요 운모 위에 표기한다. 운모가 한 개 이상 있을 때는 다음 순서로 표시한다.

$$a > o = e > i = u = ü$$

b p m f

d t n l

g k h

j q x

zh ch sh r

z c s

4 운모 우리말의 모음에 해당하며, 총 39개로 이루어져 있다.

	i	u	ü
a	ia	ua	
o		uo	
e			
ê	ie		üe
-i [ㄣ / ㄥ]			
er			
ai		uai	
ei		uei(ui)	
ao	iao		
ou	iou(iu)		
an	ian	uan	üan
en	in	uen(un)	üen(ün)
ang	iang	uang	
eng	ing	ueng	
ong	iong		

발음 연습

1 다음을 큰 소리로 따라 읽어 보세요.

ā	á	ǎ	à
ō	ó	ǒ	ò
ē	é	ě	è
ī	í	ǐ	ì
ū	ú	ǔ	ù
ǖ	ǘ	ǚ	ǜ

2 다음 단어를 읽어 보세요.

é 鹅 거위

è 饿 배고프다

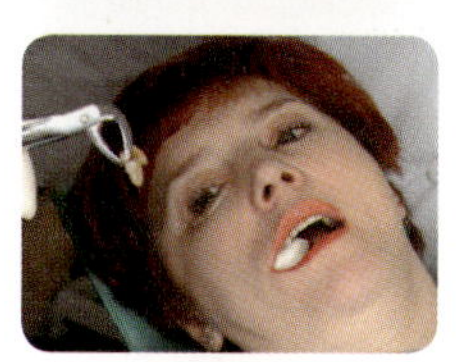
bá 拔 뽑다

bà 爸 아빠

tā 他 그

tǎ 塔 탑

mā 妈 엄마

mǎ 马 말

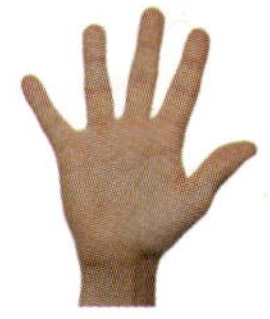
wǔ 五 5, 다섯

wù 雾 안개

 006

- □□ nǐ 你 대 너, 당신
- □□ hǎo 好 형 안녕하다, 좋다
- □□ shì 是 통 ~이다
- □□ nǎ guó rén 哪国人 어느 나라 사람
- □□ wǒ 我 대 나
- □□ Hánguó rén 韩国人 명 한국인
- □□ nín 您 대 당신
- □□ guìxìng 贵姓 명 성, 성씨
- □□ xìng 姓 통 성이 ~이다
- □□ Lǐ 李 고유 이[성씨]

 007

Xièxie!	Bú kèqi.
谢谢!	不 客气。
Duìbuqǐ!	Méi guānxi.
对不起!	没 关系。
Zàijiàn!	Zàijiàn!
再见!	再见!

감사합니다.	천만에요.
미안해요.	괜찮아요.
안녕히 계세요.	안녕히 가세요.

듣고 말하는
회화

회화 01　인사하기

A　Nǐ hǎo!
你 好![1,2]

B　Nǐ hǎo!
你 好!

회화 02　국적 묻기

A　Nǐ shì nǎ guó rén?
你 是 哪 国 人?

B　Wǒ shì Hánguó rén.
我 是 韩国人。

tip

1　상대방을 처음 만났을 때 중국어로 '你好!'라고 인사한다.
중국어는 존댓말이 없기 때문에 상대방이 손윗사람이라고
할지라도 '你'라고 해도 별 무리가 없으며 상대방을 높이
고 싶다면 '您(nín 당신)'을 쓰면 된다. 헤어질 때는 '再见
(zàijiàn 잘 가, 안녕)'이라고 인사한다.

2　'nǐ hǎo'는 표기상으로 '제3성+제3성'이다. 하지만 중국인들은
발음상 편의를 위해 '제2성+제3성'으로 읽는다.

A **Nín guìxìng?**
您 贵姓?[3]

B **Wǒ xìng Lǐ.**
我 姓 李。

tip

3 '您贵姓?'은 상대방의 성씨를 공손히 물어볼 때 쓰는 표현이다.

연습 문제

1 녹음을 듣고 해당하는 발음을 고르세요.  011

❶ Ⓐ ā   Ⓑ á   Ⓒ ǎ   Ⓓ à

❷ Ⓐ ō   Ⓑ ó   Ⓒ ǒ   Ⓓ ò

❸ Ⓐ mā   Ⓑ má   Ⓒ mǎ   Ⓓ mà

❹ Ⓐ yī   Ⓑ yí   Ⓒ yǐ   Ⓓ yì

❺ Ⓐ dū   Ⓑ dú   Ⓒ dǔ   Ⓓ dù

2 녹음을 듣고 큰 소리로 따라 읽어 보세요.  012

bā pā	bō pō	dú tú	gǔ kǔ
jī zī zhī	qī cī chī	xī sī shī	
shǎo xiǎo kǎo	zhōng jiǒng gòng		
wú yú	nǔ nǚ	lù lǜ	

3 다음 그림을 보고 어울리는 대화끼리 연결하세요.

❶ Nǐ hǎo! •   • Ⓐ Wǒ shì Hánguó rén.

❷ Nín guìxìng? •   • Ⓑ Nǐ hǎo!

❸ Nǐ shì nǎ guó rén? •   • Ⓒ Wǒ xìng Lǐ.

가까운 이웃 나라 중국

중국의 공식 국호는 '중화인민공화국(中华人民共和国 Zhōnghuá Rénmín Gònghéguó)'입니다. 중국의 국기는 빨간색 바탕에 다섯 개의 황색 별로 이루어진 '오성홍기(五星红旗 Wǔxīng Hóngqí)'인데요, 빨간색은 혁명을, 노란색은 광명을 상징하고, 오성홍기의 큰 별은 중국 공산당을, 네 개의 작은 별은 노동자, 농민, 소자산계급, 민족자산계급을 의미합니다.

중국의 인구는 약 13억 5천만 명으로 세계에서 가장 많습니다. 중국은 인구의 약 90% 이상을 차지하는 한족과 55개의 소수 민족으로 이루어진 다민족 국가입니다. 중국어를 '한어(汉语 Hànyǔ)'라고 하는데, 인구의 대다수를 차지하고 있는 한족의 언어라는 뜻입니다.

중국을 상징하는 대표적인 동물로 '판다(熊猫 xióngmāo)'가 있습니다. 판다는 중국의 1급 국가 보호동물로, 중국은 판다 연구기지와 판다 보호구역을 지정해 판다를 보호하기 위해 힘쓰고 있습니다.

중국은 다양한 민족, 다양한 문화로 인해 국화(國花)에 대한 의견이 좁혀지지 않아 국화가 정해지지 않았는데요, 중국의 대표적인 꽃으로 '꽃 중의 왕'이라고 불리는 '모란(牡丹 mǔdan)'과 사군자 중 하나인 '매화(梅花 méihuā)'를 들 수 있습니다.

중국을 대표하는 꽃 중 하나 모란

중국의 국기 오성홍기

중국의 만주족(满族 Mǎnzú)

중국의 소수 민족에 대해 조사해 보세요.

2

Wǒ xuéxí Hànyǔ.

我学习汉语。

나는 중국어를 배워요.

\발음/

단운모 – a, o, e, i, u, ü

성모(1) – b, p, m, f, d, t, n, l

\회화/

학습에 관해(1) / 사는 곳 물어보기

중국어 발음

1 단운모

013

a	o	e	i	u	ü
아	오(어)	으(어)	이	우	위

tip 발음 방법

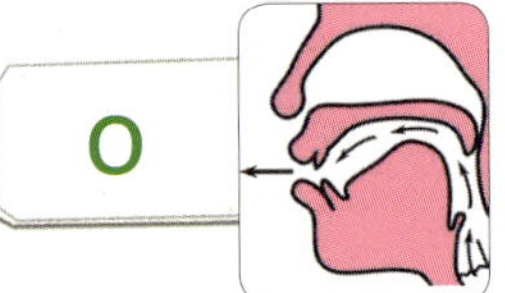 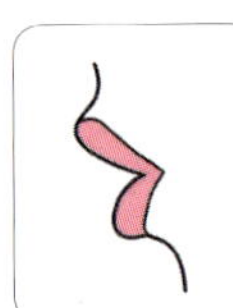

o

우리말의 '오'와 '어'의 중간 발음이다.

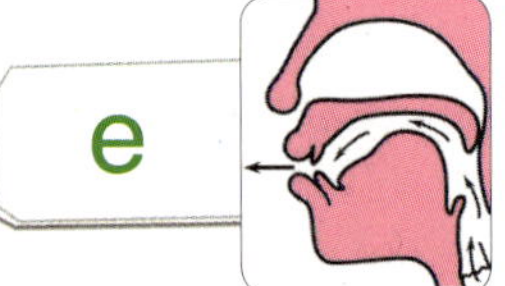 

e

우리말의 '어'에 해당하는 발음으로,
'에'로 발음하지 않도록 주의한다.

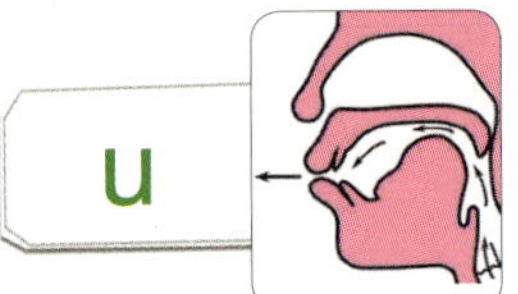 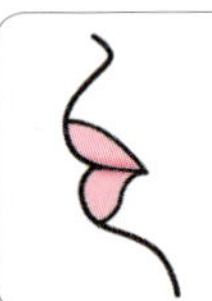 

u

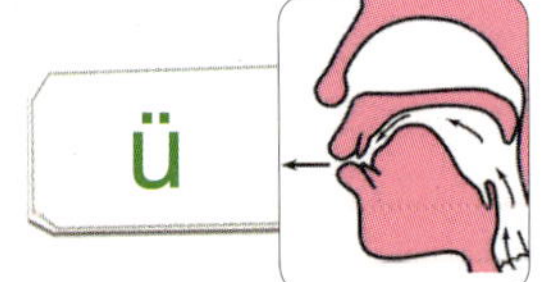 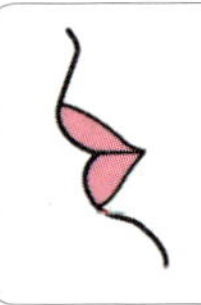

ü

ü는 '오'의 입 모양을 유지한 채 '이' 소리를 내는데,
이때 입 모양은 변하지 않는다.

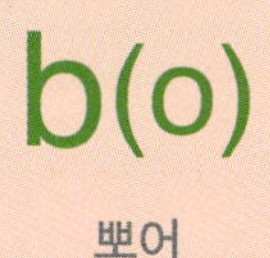 b(o)
뿌어

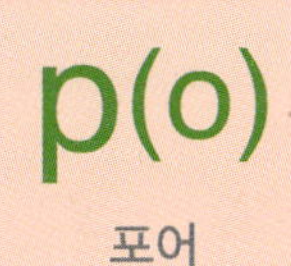 p(o)
포어

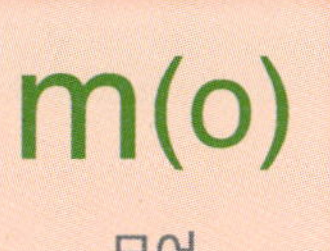 m(o)
모어

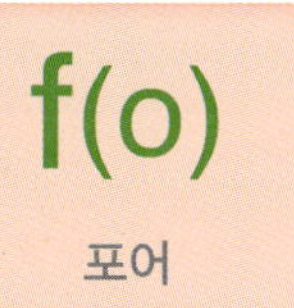 f(o)
포어

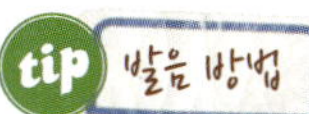 **tip** 발음 방법

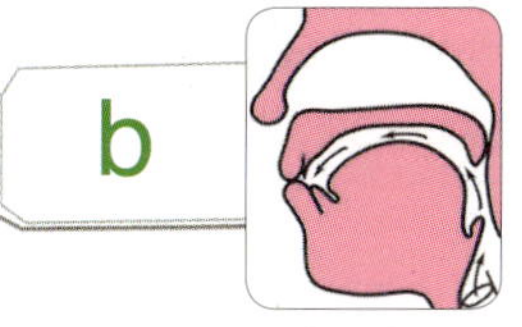

b

두 입술을 붙였다 떼면서 내는 소리로 불송기음이다.

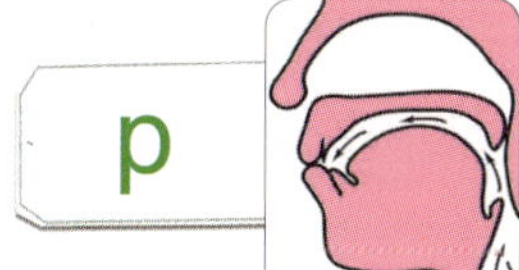

p

두 입술을 붙였다 떼면서 내는 소리로 송기음이다.

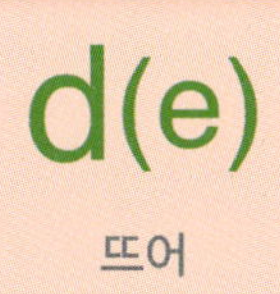 d(e)
뜨어

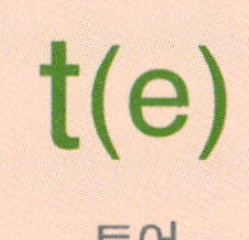 t(e)
트어

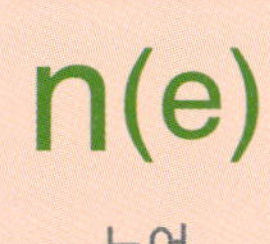 n(e)
느어

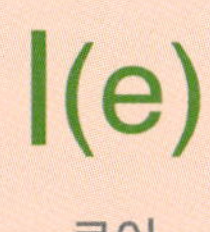 l(e)
르어

tip 발음 방법

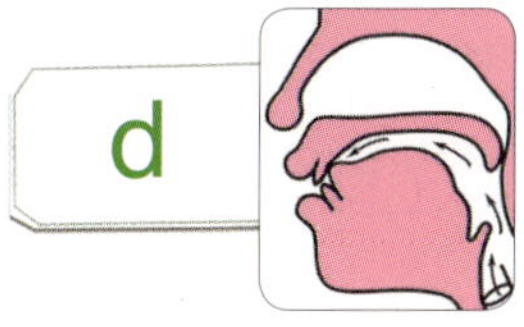

d

혀끝을 윗잇몸 안쪽에 댔다 떼면서 내는 소리로 불송기음이다.

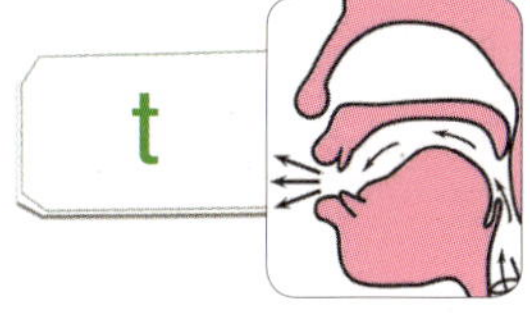

t

혀끝을 윗잇몸 안쪽에 댔다 떼면서 내는 소리로 송기음이다.

	a	o	e	i(=yi)	u(=wu)	ü(=yu)
b	ba	bo		bi	bu	
p	pa	po		pi	pu	
m	ma	mo		mi	mu	
f	fa	fo			fu	
d	da		de	di	du	
t	ta		te	ti	tu	
n	na		ne	ni	nu	nü
l	la		le	li	lu	lü

체크✓체크 다음 발음을 읽어 보세요. 

❶ yī　　bā

❷ yú　　dìtú

❸ āyí　　bà

❹ tǐyù　　lǐwù

❺ nǔlì　　dàyī

❻ dǎdī　　mǎlù

❼ yì　　dì-yī

❽ yǔ　　pífū

+ 발음 POINT!

1 yi, wu, yu

운모 i, u, ü는 단독으로 쓰일 때는 yi, wu, yu로 표기한다.

예 i → yi　　u → wu　　ü → yu

발음 연습

1 성모 구별하기   녹음을 듣고 해당하는 발음을 고르세요.   018

- ❶ bà   pà
- ❷ bù   pù
- ❸ pō   bō
- ❹ tǎ   dǎ
- ❺ tí   dí
- ❻ tǔ   dǔ

2 운모 구별하기   녹음을 듣고 해당하는 발음을 고르세요.   019

- ❶ yí   yú
- ❷ wǔ   wǒ
- ❸ lù   lǜ
- ❹ fú   fó
- ❺ mō   me
- ❻ tè   tì

3 제2성+제4성   녹음을 듣고 성조 결합에 주의하여 읽어 보세요.   020

bódà	bófù	málà	nídì
túdì	fálì	dáfù	yídù
fúlì	búlì	bú dà	bú pà

4 음절 결합   녹음을 듣고 발음에 주의하여 읽어 보세요.   021

fǔmō	lālì	dà hé	bǐyù
wǔdǎ	fādá	nǔlì	tǔmù
mābù	fūfù	lùdì	kěyǐ

 022

- □□ xuéxí 学习 통 학습하다, 공부하다
- □□ shénme 什么 대 무엇
- □□ Hànyǔ 汉语 명 중국어
- □□ zhù 住 통 살다, 거주하다
- □□ nǎr 哪儿 대 어디
- □□ sùshè 宿舍 명 기숙사
- □□ ne 呢 조 ~는요?
- □□ yě 也 부 ~도, 또한, 역시

 023

Māma qí mǎ,
妈妈 骑 马,

mǎ màn,
马 慢,

māma mà mǎ.
妈妈 骂 马。

엄마가 말을 타는데,
말이 느려서,
엄마가 말을 혼내네.

A Nǐ xuéxí shénme?
　　你 学习　什么[1]?

B Wǒ xuéxí Hànyǔ.
　　我 学习　汉语。

tip

1 '什么'는 '무엇'이라는 의미의 의문사이다.

你吃**什么**? 당신은 무엇을 먹어요?
Nǐ chī shénme?

⁺吃 chī 통 먹다

A Nǐ zhù nǎr?
你 住 哪儿²?

B Wǒ zhù sùshè. Nǐ ne?
我 住 宿舍。你 呢?³

A Wǒ yě zhù sùshè.
我 也 住 宿舍。

tip

2 '哪儿'은 '어디'라는 의미로 장소를 물어보는 의문사이다.

你去哪儿? 당신은 어디 가요?
Nǐ qù nǎr?

'去 qù 图 가다

3 '명사+呢?'는 생략식 의문문으로, 특정한 문맥 속에서 의문사를 쓰지 않고 의문을 나타낼 수 있다.

연습 문제

1 녹음을 듣고 해당하는 발음을 고르세요.　 026

❶ pà　pá　　　❷ fù　fú　　　❸ tǔ　tù　　　❹ mǐ　mì

❺ lǔ　lǜ　　　❻ lē　lè　　　❼ tǔdì　túdì　　　❽ dàyì　dáyí

❾ yīfù　yīfu　　　❿ bófā　bōfā

2 녹음을 듣고 빈칸에 들어갈 발음을 쓰세요.　 027

❶ 성모 쓰기　　___ú___è　　___à___ǐ　　___ǔ___ō　　___ù___ù

❷ 운모 쓰기　　n___l___　　l___d___　　d___b___　　t___d___

❸ 성조 쓰기　　mala　　poli　　lifa　　bipo

❹ 음절 쓰기　　___________　___________　___________　___________

3 다음 그림을 보고 어울리는 대화끼리 연결하세요.

❶ Nǐ xuéxí shéme?　•　　•　Ⓐ Wǒ zhù sùshè.

❷ Nǐ zhù nǎr?　•　　•　Ⓑ Wǒ xuéxí Hànyǔ.

보통화와 간체자

　　중국은 국토 면적이 넓어 강을 사이에 두고 통역이 필요하다고 할 정도로 다양한 방언이 발달했습니다. 중국어는 크게 7대 방언으로 나뉘어지는데, 북방방언(北方方言 Běifāng fāngyán), 오방언(吴方言 Wú fāngyán), 민방언(闽方言 Mǐn fāngyán), 월방언(粤方言 Yuè fāngyán), 객가방언(客家方言 Kèjiā fāngyán), 감방언(赣方言 Gàn fāngyán), 상방언(湘方言 Xiāng fāngyán)이 있습니다. 어휘나 문법은 기본적으로 동일하지만, 발음이 달라 말이 통하지 않습니다.

　　의사소통이 어렵자, 중국 정부는 이 문제를 해결하기 위해 1955년 표준어인 '보통화(普通话 pǔtōnghuà)'를 보급했습니다. 보통화는 베이징 음을 표준음으로 하고, 북방방언을 기초 방언으로 하며, 모범적인 현대 백화문 작품을 문법의 규범으로 한 중국의 표준어입니다.

　　중국어를 배우다 보면 우리나라에서 사용하는 한자와 중국에서 사용하는 한자가 다르다는 것을 알 수 있습니다. 우리나라와 타이완에서 주로 사용하는 획수가 많은 한자를 '번체자(繁体字 fántǐzì)'라고 하고, 중국에서 사용하는 한자를 '간체자(简体字 jiǎntǐzì)'라고 합니다. 한자의 획수가 많고 배우기 어려워 문맹률이 높아지자, 중국 정부는 1956년 쓰기 쉽고 배우기 쉬운 간체자를 정식으로 공포했습니다.

중국의 맥도날드

타이완의 맥도날드

✪ 좀 더 알아보세요!

간체자의 간화 규칙에 대해 조사해 보세요.

\발음/

a, o, e로 시작하는 운모 – ai, ao, an, ang, ou, ong, ei, en, eng
성모(2) – g, k, h

\회화/

주문하기 / 장소 묻기

알고 가자! 중국어 발음

1

1 a로 시작하는 운모 · 028

ai	ao	an	ang
아이	아오	안	앙

2 o로 시작하는 운모 · 029

ou	ong
어우	옹

3 e로 시작하는 운모 · 030

ei	en	eng
에이	언	엉

2 성모 2 · 031

g(e)	k(e)	h(e)
끄어	크어	흐어

3　성모와 운모의 결합

	ai	ei	ao	ou	an	en	ang	eng	ong
g	gai	gei	gao	gou	gan	gen	gang	geng	gong
k	kai	kei	kao	kou	kan	ken	kang	keng	kong
h	hai	hei	hao	hou	han	hen	hang	heng	hong

체크✓체크 다음 발음을 읽어 보세요.

❶ gāi　gǎi

❷ kǎn　kàn

❸ hēi　bái

❹ kāfēi　gǎnmào

❺ Hànyǔ　hánghǎi

❻ gèng hǎo　gōnggòng

❼ hēi'àn　hēidòng

✚ 발음 POINT!

1　격음부호

a, o, e로 시작하는 음절이 다른 음절과 연결될 경우 음절 간에 혼동이 생길 수 있어 격음부호 [']를 사용하여 분리한다.

예 pí'ǎo(皮袄) - piāo(漂)

　Xī'ān(西安) - xiān(先)

2　경성

원래의 성조를 잃어버리고 가볍고 짧게 발음되는 경우가 있는데, 이를 '경성'이라고 한다. 경성은 성조를 표시하지 않는다.

예 nǐmen 你们 당신들, 너희들 ｜ tāmen 他们 그들 ｜ tā de 他的 그의 것

　bàba 爸爸 아빠 ｜ māma 妈妈 엄마

발음 연습

1 〔 성모 구별하기 〕 녹음을 듣고 해당하는 발음을 고르세요.  034

- ❶ gāokǎo   kāogǎo
- ❷ gǎnkǎo   kǎngǎo
- ❸ fúhào   húhào
- ❹ fénghé   hénghé
- ❺ gānghǎo   kānghǎo
- ❻ kǎiháng   gǎiháng

2 〔 운모 구별하기 〕 녹음을 듣고 해당하는 발음을 고르세요.  035

- ❶ běihǎi   bǎihěi
- ❷ kānkěn   kāikěn
- ❸ hǎi'àn   hěi'àn
- ❹ fāng'àn   fān'àn
- ❺ héngwēn   húnwēn
- ❻ kànhùn   kàngfèn
- ❼ péngyou   pényou
- ❽ gōngháng   gōnghán
- ❾ kǎohào   kǒuhào

3 〔 제2성+제1성 〕 녹음을 듣고 성조 결합에 주의하여 읽어 보세요.  036

máoyī	hándōng	táifēng
hóngdēng	líkāi	Báigōng
péidū	hóngbāo	

4 〔 제2성+제4성 〕 녹음을 듣고 성조 결합에 주의하여 읽어 보세요.  037

dádào	dédào	tóngyì
pídàn	héfàn	yígòng
málà	yídòng	

5 〔 경성 〕 녹음을 듣고 경성에 주의하여 읽어 보세요. 038

bàba	māma	nǎinai
gēge	mèimei	tāmen
nǐ de	dòufu	nǎodai

 yī 一 1. 하나

 èr 二 2. 둘

 sān 三 3. 셋

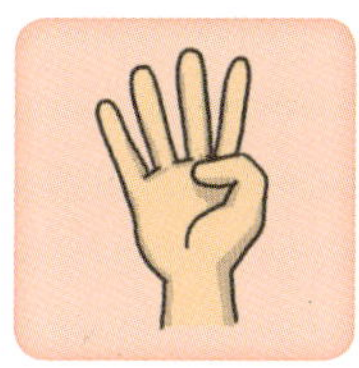 sì 四 4. 넷

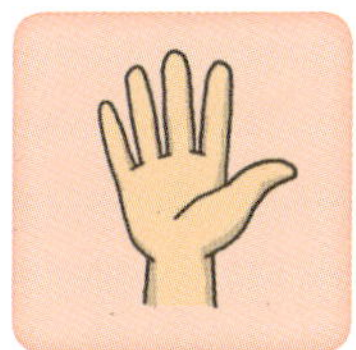 wǔ 五 5. 다섯

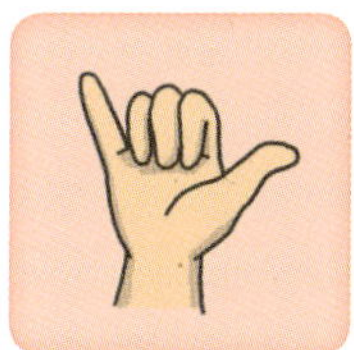 liù 六 6. 여섯

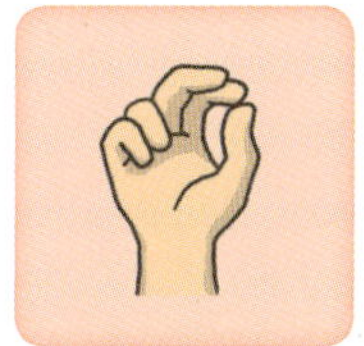 qī 七 7. 일곱

 bā 八 8. 여덟

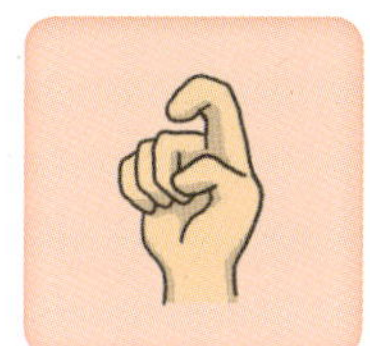 jiǔ 九 9. 아홉

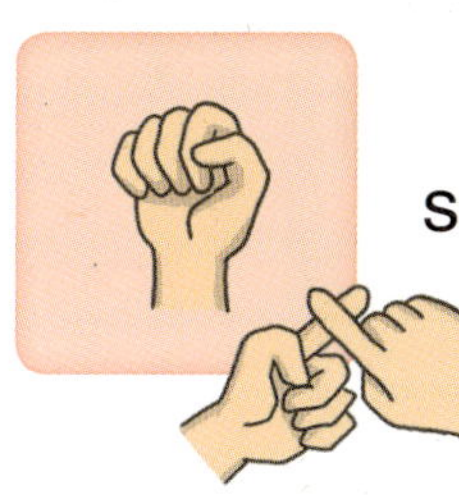 shí 十 10. 열

☐☐ nǐmen 你们 데 당신들, 너희들

☐☐ yào 要 동 원하다, 필요하다

☐☐ niúròu 牛肉 명 쇠고기

☐☐ shūcài 蔬菜 명 채소

☐☐ hái 还 부 또, 더

☐☐ bú yào le 不要了 필요 없어요

☐☐ qǐngwèn 请问 동 말씀 좀 여쭙겠습니다

☐☐ fùjìn 附近 명 부근, 근처

☐☐ yǒu 有 동 있다[존재를 나타냄]

☐☐ yínháng 银行 명 은행

☐☐ yī 一 수 1, 하나

☐☐ gè 个 양 개, 명[사람이나 사물을 세는 단위]

Sì shì sì, shí shì shí.
四 是 四, 十 是 十。
Shísì shì shísì, sìshí shì sìshí.
十四 是 十四, 四十 是 四十。

4는 4이고, 10은 10이다.
14는 14이고, 40은 40이다.

회화 01 주문하기

A Nǐmen yào shénme?
你们 要 什么?

B Niúròu.
牛肉。

C Shūcài.
蔬菜。

A Hái yào shénme?
还 要 什么?

B&C Bú yào le.
不 要 了。[1]

tip

[1] 음식점에서 주문할 때 더 이상 추가 사항이 없을 때는
'不要了(필요 없어요)'를 쓴다.

A
Qǐngwèn, fùjìn yǒu yínháng ma?
请问，附近 有 银行 吗?

B
Yǒu. Fùjìn yǒu yí ge yínháng.
有。附近 有 一²个 银行。

> **tip**
> 2 숫자 'ー(yī)'는 제4성이나 제4성이 변한 경성 앞에서는 제2성으로 읽는다.

연습 문제

1 녹음을 듣고 해당하는 발음을 고르세요.  043

❶ tāmen   tāmén   ❷ dōngfāng   dòngfáng   ❸ wàihāng   wàiháng

❹ kékù   kèkǔ   ❺ tóngháng   tōngháng   ❻ fěnhóng   fēnhòng

❼ lànmàn   lánmàn   ❽ běnfèn   bènfèn   ❾ gòngtóng   gòngtōng

❿ Wàitān   Wáitān

2 녹음을 듣고 빈칸에 들어갈 발음을 쓰세요.  044

❶ 성모 쓰기   ___ǔ___ài   ___ě'ài   ___é___ì   ___àn___ào

❷ 운모 쓰기   b___p___   h___l___   d___f___   g___b___

❸ 성조 쓰기   yiban   dangdi   kaohe   baba

❹ 음절 쓰기   __________   __________   __________   __________

3 다음 그림을 보고 어울리는 대화끼리 연결하세요.

❶ Nǐmen yào shénme?   •   • Ⓐ Niúròu.

❷ Fùjìn yǒu yínháng ma?   •   • Ⓑ Bú yào le.

❸ Hái yào shénme?   •   • Ⓒ Fùjìn yǒu yí ge yínháng.

중국의 국토와 지형

　중국 지도를 보면 연상되는 그림이 있는데 바로 '닭'입니다. 중국의 동북 지역은 닭의 머리, 남부 지역은 닭의 배, 서부 지역은 닭의 꼬리와 닮았습니다. 중국의 국토 면적은 약 960만㎢로 세계에서 4위를 차지할 만큼 넓습니다. 한반도 전체 크기의 44배에 달하며, 유럽의 전체 면적과 비슷합니다.

　중국의 지형은 '서고동저(西高東低)'형으로 서쪽이 비교적 높고 동쪽이 낮아 동쪽에 하천이 많이 발달했습니다. 동부 지역은 바다와 맞닿아 있어 외국과의 교류가 활발하고 경제가 발달한 반면, 서부 지역은 땅이 척박하고 사막이 발달했습니다. 이런 이유로 동부 지역의 인구가 서부 지역에 비해 많습니다.

　중국은 위도에 따른 지역 차가 비교적 커서 북부 지역과 남부 지역의 기후 차이가 두드러집니다. 북부 지역은 상대적으로 춥고 건조한 지역이 많고, 남부 지역은 연평균 기온이 25℃인 곳이 있을 정도로 겨울에도 온화한 지역이 많습니다. 또한 중국은 경도의 차이가 60° 이상이기 때문에 동일한 시간이라도 실제로는 동서 지역 간에 네 시간 정도 시차가 있습니다.

닭 모양을 닮은 중국 지도

중국 중앙부를 횡단하는
창장(长江 Cháng Jiāng)

사막을 볼 수 있는 칭짱고원
(青藏高原 Qīngzàng Gāoyuán)

✪ 좀 더 알아보세요!

서울이 오전 9시면, 베이징은 몇 시인지 시차를 알아보세요.

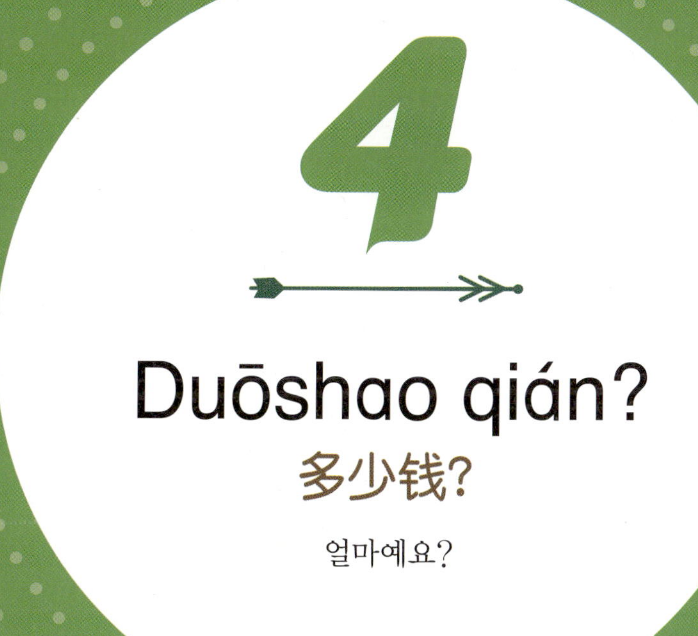

Duōshao qián?

多少钱?

얼마예요?

\발음/

결합운모(1)　i 결합운모 – ia, ie, iao, iou, ian, in, iang, ing, iong
　　　　　　　ü 결합운모 – üe, üan, ün

성모(3) – j, q, x

\회화/

사물 묻기 / 가격 묻기

중국어 발음

1 결합운모 [I]

1 i 결합운모

ia	ie	iao	iou
이아	이에	이아오	이어우

ian	in	iang	ing	iong
이앤	인	이앙	잉	이옹

2 ü 결합운모

üe	üan	ün
위에	위앤	윈

2 성모 [3]

j(i)	q(i)	x(i)
지	치	시

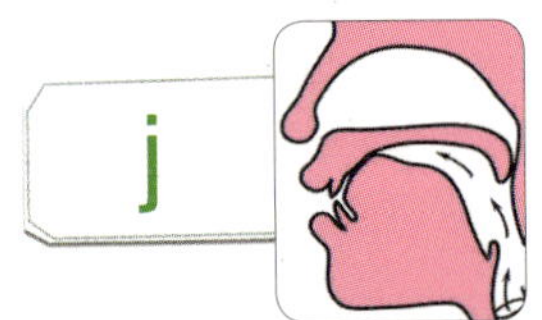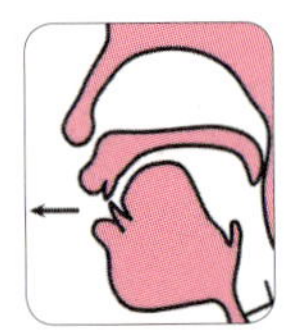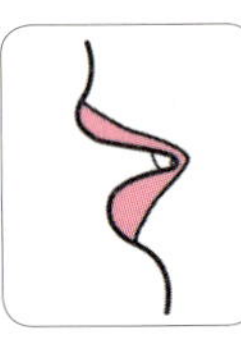

j, q, x는 혀의 윗면을 입천장에 댔다가 가볍게 떼면서 내는 소리이다.

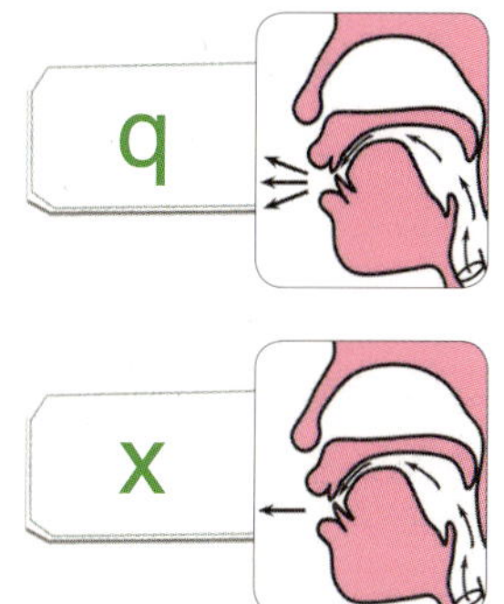

3 성모와 운모의 결합

	i	ia	ie	iao	iou	ian	in	iang	ing	iong	ü	üe	üan	ün
	yi	ya	ye	yao	you	yan	yin	yang	ying	yong	yu	yue	yuan	yun
j	ji	jia	jie	jiao	jiu	jian	jin	jiang	jing	jiong	ju	jue	juan	jun
q	qi	qia	qie	qiao	qiu	qian	qin	qiang	qing	qiong	qu	que	quan	qun
x	xi	xia	xie	xiao	xiu	xian	xin	xiang	xing	xiong	xu	xue	xuan	xun

체크✓체크 다음 발음을 읽어 보세요.

❶ jiā xiā

❷ qióng xióng

❸ Běijīng Dōngjīng

❹ xuéxí xiūxi

❺ yàopiàn xiānhuā

❻ qiánxiàn jīntiān

❼ jiànmiàn xióngmāo

❽ qiānbǐ niánqīng

❾ xīnxiān gǎnxiè

1 i 결합운모 표기 방법

① i로 시작하는 음절이 성모 없이 단독으로 쓰일 때는 i를 y로 바꾸어 쓴다.

예 ia → ya   iou → you   iang → yang   iong → yong

② 음절에 i만 있을 경우에는 i를 yi로 바꾸어 쓴다.

예 i → yi   in → yin   ing → ying

2 ü 결합운모 표기 방법

① ü로 시작하는 음절이 성모 없이 단독으로 쓰일 때는 ü를 yu로 바꾸어 쓴다.

예 ü → yu   üe → yue   üan → yuan   ün → yun

② iou가 성모와 결합할 때는 'o'를 생략하고 'iu'로 표기한다.

예 l + iou → liu   j + iou → jiu

③ 운모 ü 혹은 ü로 시작하는 운모가 성모 j, q, x와 결합했을 때 ü 위에 있는 두 점은 생략한다. 따라서 du, diu, jiu의 u는 ju, jue, qun의 u와 전혀 다른 발음이다.

예 qu   jun   xun

3 제3성의 변화

① 제3성 뒤에 다른 제3성이 위치하면 앞의 제3성은 제2성으로 읽는다.

예 nǐ hǎo → ní hǎo   hěn xiǎo → hén xiǎo

② 제3성이 제1, 2, 4성 앞에 있으면 제3성은 반3성으로 변한다.

발음 연습

1 〈 성모 구별하기 〉 녹음을 듣고 해당하는 발음을 고르세요.　　050

❶ jīqì　qíjì
❷ jīdàn　qīdàn
❸ jiànqìn　qiánjìn
❹ jǐngjiú　qǐngqiú
❺ jiētī　qiētī
❻ jiǎnglì　qiǎnglì

2 〈 운모 구별하기 〉 녹음을 듣고 해당하는 발음을 고르세요.　　051

❶ quànquē　qiànquē
❷ juànmiàn　jiànmiàn
❸ ānquán　ānqián
❹ yánquán　yuánquán
❺ yóujú　yóujiú
❻ qǐngqú　qǐngqiú
❼ yáotóu　yátóu
❽ jiějué　juějiě

3 〈 제4성+제2성 〉 녹음을 듣고 성조 결합에 주의하여 읽어 보세요.　　052

fùxí	jìnxíng	bù lái	liànxí
qùnián	xìngmíng	gàobié	kètáng

4 〈 제1성+제4성 〉 녹음을 듣고 성조 결합에 주의하여 읽어 보세요.　　053

tīnglì	xīwàng	gēnjù	dōu qù
gāoxìng	yīnyuè	xūyào	qiānxiàn

5 〈 제3성의 성조 변화 〉 녹음을 듣고 성조 변화에 주의하여 읽어 보세요.　　054

kǒuyǔ	yǒnggǎn	měinǚ	xiǎo niǎo
lǎojiā	kǎoyā	diǎnxin	jiǎngjīn
jiějué	yǔyán	bǎohù	fǎlǜ

- □ □ **jiào** 叫 图 ~라고 부르다, ~라고 하다
- □ □ **píngguǒ** 苹果 명 사과
- □ □ **zhè** 这 대 이, 이것
- □ □ **zěnmeyàng** 怎么样 대 어떻다, 어떠하다
- □ □ **hěn** 很 부 매우, 아주
- □ □ **tián** 甜 형 달다
- □ □ **duōshao** 多少 대 얼마, 몇
- □ □ **qián** 钱 명 돈
- □ □ **qī** 七 주 7, 일곱
- □ □ **kuài** 块 양 위안[구어 표현(=元 yuán)]
- □ □ **wǔ** 五 주 5, 다섯
- □ □ **máo** 毛 양 마오[元의 1/10, 구어 표현(=角 jiǎo)]
- □ □ **xièxie** 谢谢 图 감사합니다, 고맙습니다
- □ □ **zàijiàn** 再见 图 안녕히 계십시오(가십시오)

★중국어★ 노래 **两只老虎**

liǎng zhī lǎohǔ 两 只 老虎	liǎng zhī lǎohǔ 两 只 老虎	두 마리 호랑이 두 마리 호랑이
pǎo de kuài 跑 得 快	pǎo de kuài 跑 得 快	빨리 달리네 빨리 달리네
yì zhī méiyǒu ěrduo 一 只 没有 耳朵	yì zhī méiyǒu wěiba 一 只 没有 尾巴	한 마리는 귀가 없고 한 마리는 꼬리가 없네
zhēn qíguài 真 奇怪	zhēn qíguài 真 奇怪	정말 이상해 정말 이상해

회화 01 사물 묻기

 057

A Zhège jiào shénme?
这个 叫 什么?[1]

B Píngguǒ.
苹果。

A Zhè píngguǒ zěnmeyàng?
这 苹果 怎么样?

B Hěn tián.
很 甜。

tip

1 '这个叫什么?(이것은 뭐라고 불러요?)'는 사물이나 대상의 이름이 궁금할 때 쓰는 표현이다. '저것은 뭐라고 불러요?'는 '那个(nàge)叫什么?'라고 한다.

A Duōshao qián?
多少　钱?

B Qī kuài wǔ máo.
七 块 五 毛。

(A가 B에게 돈을 건넨 후)

A Xièxie! Zàijiàn!
谢谢!　再见!

B Zàijiàn!
再见!

연습 문제

1 녹음을 듣고 해당하는 발음을 고르세요.　　059

① lǚxíng　lǚxìng　　② xíjù　xìjù　　③ qiǎoyù　qiáoyǔ

④ yǔjù　yùjù　　⑤ xiúlì　xiūlǐ　　⑥ jūnxùn　júnxùn

2 녹음을 듣고 빈칸에 들어갈 발음을 쓰세요.　　060

① 성모 쓰기　　___iān___iáng　___í___ì　　___iàn___āng　___uǎn___ǔ

② 운모 쓰기　　j___j___　　p___l___　　q___n___　　j___j___

③ 성조 쓰기　　jiaotong　　yinhang　　niunai　　liunian

④ 음절 쓰기　　__________　__________　__________

　　　　　　　__________　__________　__________

3 다음 그림을 보고 어울리는 대화끼리 연결하세요.

① Duōshao qián?　　•　　•Ⓐ Zàijiàn!

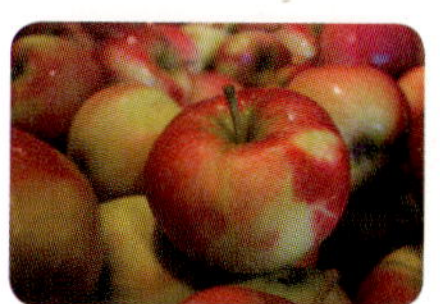

② Zhè píngguǒ zěnmeyàng?　•　　•Ⓑ Hěn tián.

③ Zàijiàn!　　•　　•Ⓒ Wǔ kuài.

중국의 행정 구역

중국의 행정 구역은 타이완을 포함하여 23개의 성과 5개의 자치구, 4개의 직할시, 2개의 특별 행정구로 구성되어 있습니다.

성(省)은 명·청대 이래의 행정 구역을 답습한 것으로, 헤이룽장(黑龙江 Hēilóngjiāng), 지린(吉林 Jílín), 랴오닝(辽宁 Liáoníng), 허베이(河北 Héběi), 허난(河南 Hénán), 산둥(山东 Shāndōng), 산시(山西 Shānxī), 산시(陕西 Shǎnxī), 간쑤(甘肃 Gānsù), 칭하이(青海 Qīnghǎi), 후난(湖南 Húnán), 후베이(湖北 Húběi), 쓰촨(四川 Sìchuān), 안후이(安徽 Ānhuī), 장쑤(江苏 Jiāngsū), 장시(江西 Jiāngxī), 저장(浙江 Zhèjiāng), 푸젠(福建 Fújiàn), 광둥(广东 Guǎngdōng), 구이저우(贵州 Guìzhōu), 윈난(云南 Yúnnán), 하이난(海南 Hǎinán), 타이완(台湾 Táiwān) 성이 있습니다.

자치구는 중국의 소수 민족 정책의 하나로, 인구가 2백만 명 이상이 집중되어 살고 있는 지역을 말하는데, 내몽고(内蒙古 Nèiměnggǔ) 자치구, 닝샤(宁夏 Níngxià) 회족(回族 Huízú) 자치구, 신장(新疆 Xīnjiāng) 위구르(维吾尔 Wéiwú'ěr) 자치구, 광시(广西 Guǎngxī) 장족(壮族 Zhuàngzú) 자치구, 티베트(西藏 Xīzàng) 자치구가 있습니다.

직할시는 인구가 1천만 명 이상으로 규모가 비교적 큰 도시로 국무원의 직할을 의미하는데, 베이징(北京 Běijīng), 톈진(天津 Tiānjīn), 상하이(上海 Shànghǎi), 충칭(重庆 Chóngqìng)이 해당됩니다.

특별 행정구는 일국양제(一國兩制 하나의 국가에 두 가지 체제) 정책 아래 자본주의적 체제를 50년 동안 보장하는 지역으로, 홍콩(香港 Xiānggǎng)과 마카오(澳门 Àomén)가 있습니다.

❂ 좀 더 알아보세요!

중국 지도에서 홍콩, 마카오, 타이완을 찾아보세요.

Jīntiān xīngqī jǐ?

今天星期几?

오늘은 무슨 요일이에요?

\발음/

결합운모(2) u 결합운모 – ua, uo, uai, uei, uan, uen, uang, ueng

성모(4) – z, c, s, zh, ch, sh, r

권설운모 – er

\회화/

요일 묻기 / 날짜 묻기 / 학습에 관해(2)

중국어 발음

1 결합운모 [2]

1 u 결합운모

061

ua 우아	uo 우어	uai 우아이	uei 우에이
uan 우안	uen 우언	uang 우앙	ueng 우엉

2 성모 [4]

062

z(i) 쯔	c(i) 츠	s(i) 쓰

063

zh(i) 즈	ch(i) 츠	sh(i) 스	r(i) 르

tip 발음 방법

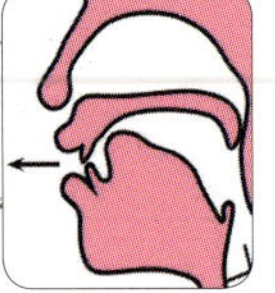
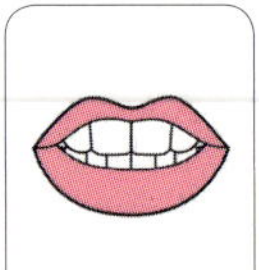
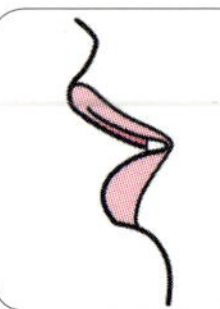

zh, ch, sh, r는 혀끝을 말아 입천장에 닿을 듯 말 듯하게 하고 그 사이로 공기를 내보내면서 내는 소리이다.

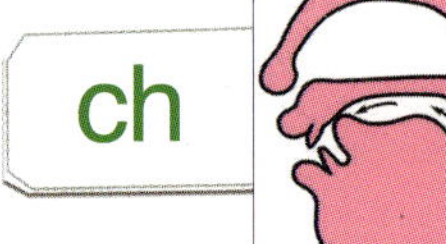
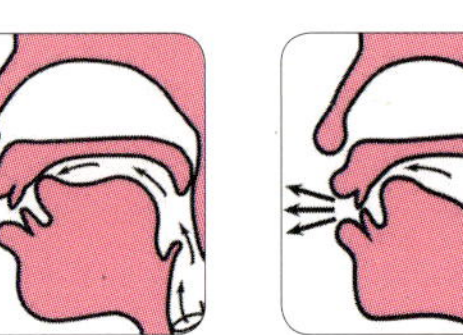
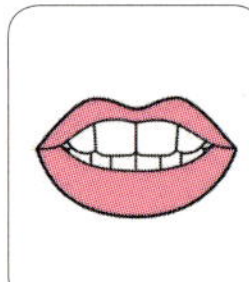

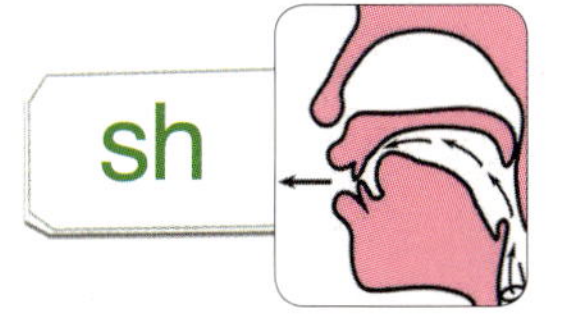

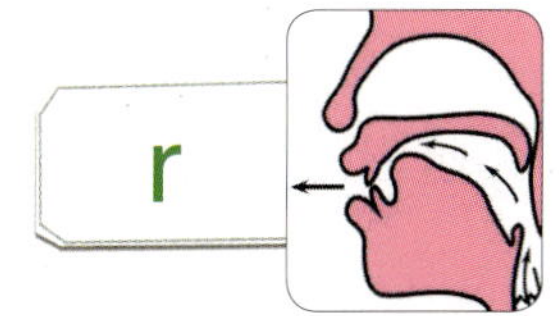

3 권설운모

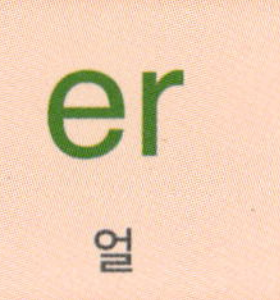

4 성모와 운모의 결합

	u	ua	uo	uai	uei	uan	uen	uang	ueng
	wu	wa	wo	wai	wei	wan	wen	wang	weng
z	zu		zuo		zui	zuan	zun		
c	cu		cuo		cui	cuan	cun		
s	su		suo		sui	suan	sun		
zh	zhu	zhua	zhuo	zhuai	zhui	zhuan	zhun	zhuang	
ch	chu	chua	chuo	chuai	chui	chuan	chun	chuang	
sh	shu	shua	shuo	shuai	shui	shuan	shun	shuang	
r	ru	rua	ruo		rui	ruan	run		

체크✓체크 다음 발음을 읽어 보세요.

❶ suān   suàn

❷ zìsī   zìjǐ

❸ zuòcuò   cuīhuǐ

❹ sīxiǎng   wèntí

❺ zǎoshang   Zhōngwén

❻ sùshè   zìxíngchē

❼ sìshísì   zhīdao

❽ chūzū qìchē   zhǔnbèi

❾ lǎoshī   shuìjiào

❿ rénmín   érzi

1 u 결합운모 표기 방법

① u로 시작되는 음절이 성모 없이 단독으로 쓰일 때는 u를 w로 바꾸어 쓴다.

예 uo → wo   uei → wei   uang → wang

② 음절 중 u 운모만 있을 경우에는 wu로 바꾸어 쓴다.

예 u → wu

2 ui와 un

① uei는 성모와 결합할 때는 'e'를 생략하고 'ui'로 표기한다.

예 h + uei → hui   d + uei → dui   z + uei → zui

② uen은 성모와 결합할 때는 'e'를 생략하고 'un'으로 표기한다.

예 d + uen → dun   l + uen → lun   k + uen → kun

3 zi, ci, si, zhi, chi, shi, ri

성모 z, c, s, zh, ch, sh, r와 운모 i가 결합할 경우에 'i'는 우리말의 '으'처럼 발음한다.

4 얼화(儿化 érhuà)

권설운모 er이 다른 운모와 결합하는 것을 얼화(儿化)라고 한다. 음절 뒤에 'r'을 붙여 표기한다.

예 zhèr 这儿 이곳, 여기   nàr 那儿 저기, 저곳   nǎr 哪儿 어디

발음 연습

1 〔 성모 구별하기 〕 녹음을 듣고 해당하는 발음을 고르세요. ◎ 067

❶ zǎozi　jiǎozi　　　❷ zǒusī　jiǔxí　　　❸ bízi　bǐjì

❹ tǐcāo　qīqiāo　　　❺ xīwàng　sǐwáng　　　❻ cānguān　tānguān

❼ shāngyè　sāngyè　xiāngyè　　　❽ bù shǎo　bù sǎo　bù xiǎo

❾ zájì　zázhì　zázì　　　❿ dànù　dàlù　dàrù

2 〔 운모 구별하기 〕 녹음을 듣고 해당하는 발음을 고르세요. ◎ 068

❶ dà guó　dà gǒu　　　❷ zǔguó　zúgòu　　　❸ cuòluò　chǒulòu

❹ zūnxín　zūnxún　　　❺ cēncī　cūnzi　　　❻ sūnyán　sēnyán

❼ rì　rè　rù　　　❽ zhì　zhè　zhù

❾ chī　chē　chū　　　❿ shí　shé　shú

3 〔 u와 ü 〕 녹음을 듣고 발음에 주의하여 읽어 보세요. ◎ 069

dūn　jūn	tūn　qūn	zū　jū
cū　qū	suān　xuān	kuān　quān

4 〔 얼화 〕 녹음을 듣고 얼화에 주의하여 읽어 보세요. ◎ 070

zhèr	nàr	nǎr	xiǎoháir	xiǎo niǎor
shìr	cír	wánr	huār	huàr

5 〔 음절 결합 〕 녹음을 듣고 발음에 주의하여 읽어 보세요. ◎ 071

zéguài	tuányuán	wěituō	guǎiwān
xiōnghuái	kuānguǎng	luòhòu	kuājiǎng
róuruò	huǒchē	rìshí	rèshēn
shāixuǎn	chūnsǔn	zhuāngzhòng	zhuījiū

□□ jīntiān 今天 명 오늘

□□ xīngqī 星期 명 요일

□□ jǐ 几 수 몇

□□ hào 号 명 일[날짜]

□□ yuè 月 명 월

□□ nán 难 형 어렵다

□□ bǐjiào 比较 부 비교적, 꽤

□□ dànshì 但是 접 그러나

□□ yǒu yìsi 有意思 형 재미있다

xīngqīyī 星期一 월요일

xīngqī'èr 星期二 화요일

xīngqīsān 星期三 수요일

xīngqīsì 星期四 목요일

xīngqīwǔ 星期五 금요일

xīngqīliù 星期六 토요일

xīngqītiān(rì) 星期天(日) 일요일

회화 01   요일 묻기   ◉ 073

A   Jīntiān xīngqī jǐ?

今天[1]　星期 几?

B   Jīntiān xīngqīyī.

今天　星期一。

회화 02   날짜 묻기   ◉ 074

A   Jīntiān jǐ hào?

今天 几 号?

B   Jīntiān shí'èr yuè èrshíwǔ hào.

今天　十二 月 二十五 号。

tip

1 중국어로 '어제'는 '昨天(zuótiān)', '내일'은 '明天(míngtiān)'이다.

A Xuéxí shénme?
　学习　什么?

B Xuéxí Hànyǔ.
　学习　汉语。

A Hànyǔ nán bu nán?
　汉语　难 不 难?

B Bǐjiào nán, dànshì hěn yǒu yìsi.
　比较　难，但是　很　有意思。

연습 문제

1 녹음을 듣고 해당하는 발음을 고르세요.  076

❶ zúqiù   zúqiú
❷ zuānyán   zuànyàn
❸ jiàzhuang   jiāzhuāng
❹ cānjūn   cànjún
❺ shuǐpìng   shuǐpíng
❻ chuántǒng   chuāntòng
❼ kuānchǎng   kuánchàng
❽ ěrduo   èrduǒ

2 녹음을 듣고 빈칸에 들어갈 발음을 쓰세요.  077

❶ 성모 쓰기   ___ùn___ù   ___í___ǎo   ___ēng___i   ___éng___ì

❷ 운모 쓰기   h___d___   k___g___   r___q___   b___sh___

❸ 성조 쓰기   duidai   tuanjie   ruguo   shangwu

❹ 음절 쓰기   ___________   ___________   ___________

3 다음 그림을 보고 어울리는 대화끼리 연결하세요.

❶ Jīntiān jǐ hào?   •   • Ⓐ Bǐjiào nán.

❷ Hànyǔ nán bu nán?   •   • Ⓑ Jīntiān sān yuè bā hào.

❸ Míngtiān xīngqī jǐ?   •   • Ⓒ Míngtiān xīngqīliù.

중국의 수도 베이징

중국의 수도는 '베이징(北京 Běijīng)'입니다. 베이징은 과거 중국 동북부 국경 지대의 중요한 군사 교역의 중심지였으며, 과거에는 '베이핑(北平 Běipíng)'으로 불리기도 했습니다. 역사적으로 항상 베이징이 중국의 수도였던 것은 아닙니다. 베이징은 요(遼), 금(金), 원(元), 명(明), 청(清) 나라 때 수도였으며, 1949년 중화인민공화국이 수립되면서 수도로 정해졌습니다.

베이징은 면적이 약 16,808㎢이고, 인구는 2,000만 명이 넘으며, 약칭 '京(Jīng)'이라고 불립니다. 그래서 베이징을 '京城(Jīngchéng)', 베이징 사람을 '京人(Jīngrén)', 베이징 연극을 '京剧(jīngjù)'라고 합니다.

베이징은 중국의 고도이며 역사적으로 부유했던 도시인 만큼 명소가 많습니다. 주요 명소로는 명나라 때 지어진 가장 큰 규모의 황궁으로, 자금성(紫禁城 Zǐjìnchéng)이라고도 불리는 고궁(故宮 Gùgōng), 황실의 여름 별궁인 이화원(頤和園 Yíhéyuán), 유네스코 세계 문화유산으로 등재된 만리장성(長城 Chángchéng)을 손꼽을 수 있습니다.

⭐ 좀 더 알아보세요!

유네스코가 지정한 중국의 세계 문화유산을 조사해 보세요.

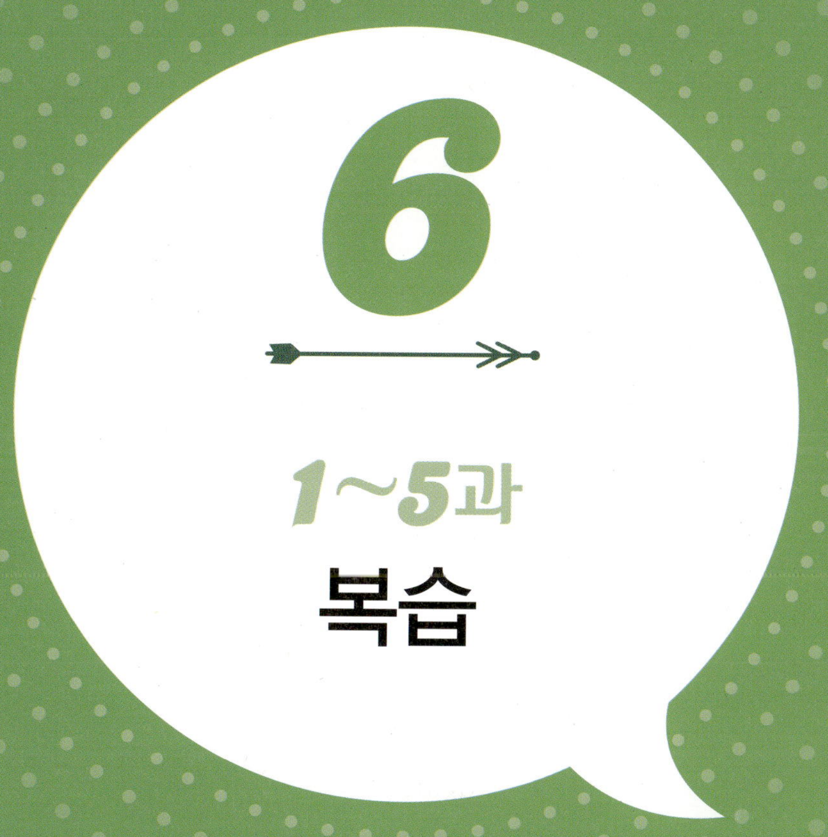
6
1~5과
복습

1 성모(声母 shēngmǔ)   ● 078

b p m   f   d t n l
g k h   j q x
zh ch sh r   z c s

2 운모(韵母 yùnmǔ)   ● 079

a o e i u ü   er
ai ei ao ou   an en ang eng ong
ia ie iao iou ian in iang ing iong
ua uo uai uei uan uen uang ueng
üe üan ün

3 성조(声调 shēngdiào)   ● 080

제1성

mā

제2성

má

제3성

mǎ

제4성

mà

4 경성(轻声 qīngshēng)   ● 081

māma

5 제3성의 성조 변화   ● 082

제3성+제3성 shǒubiǎo	
제3성+제1성 shǔbiāo	제3성+제2성 yǔyán
제3성+제4성 yǐnliào	제3성+경성 ěrduo

6 얼화(儿化 érhuà)   ● 083

huār 꽃   wánr 놀다

1	인사하기(만났을 때)	
A	Nǐ hǎo!	你好！
B	Nǐ hǎo!	你好！

2	인사하기(헤어질 때)	
A	Zàijiàn!	再见！
B	Zàijiàn!	再见！

3	국적 묻기	
A	Nǐ shì nǎ guó rén?	你是哪国人？
B	Wǒ shì Hánguó rén.	我是韩国人。

4	성씨 묻기	
A	Nín guìxìng?	您贵姓？
B	Wǒ xìng Lǐ.	我姓李。

5	사는 곳 묻기	
A	Nǐ zhù nǎr?	你住哪儿？
B	Wǒ zhù sùshè.	我住宿舍。

6	날짜 묻기	
A	Jīntiān jǐ hào?	今天几号？
B	Jīntiān shí'èr yuè èrshíwǔ hào.	今天十二月二十五号。

7	요일 묻기	
A	Jīntiān xīngqī jǐ?	今天星期几？
B	Jīntiān xīngqīyī.	今天星期一。

8	주문하기	
A	Nǐmen yào shénme?	你们要什么？
B	Niúròu.	牛肉。

1 녹음을 듣고 빈칸에 알맞은 성모를 쓰세요.   084

❶ ____ēn____ǎo   ❷ ____ài____óu   ❸ ____ài____ù

❹ ____ǎn____ǎi   ❺ ____ǔn____é   ❻ ____ǎo____uàng

❼ ____ún____uì   ❽ ____ǔn____ī   ❾ ____ōu____uō

❿ ____iǎng____āng   ⓫ ____ī____ǐ   ⓬ ____ù____ù

⓭ ____ū____ì   ⓮ ____iǎng____òu   ⓯ ____ī____iǎng

⓰ ____ā____uī

2 녹음을 듣고 빈칸에 알맞은 운모와 성조를 쓰세요.   085

❶ b______ j______   ❷ x______ q______   ❸ h______ b______

❹ h______ d______   ❺ y______ q______   ❻ j______ y______

❼ q______ q______   ❽ sh______ sh______   ❾ d______ zh______

❿ j______ q______   ⓫ k______ ch______   ⓬ j______ q______

3 녹음을 듣고 성조를 표시하세요.   086

❶ chuanglian   ❷ caochang   ❸ fangxiang   ❹ guojia

❺ renmin   ❻ maobi   ❼ xuexiao   ❽ diandeng

❾ baozhi   ❿ shulin   ⓫ xiju   ⓬ daban

4 녹음을 듣고 병음을 쓰세요.   087

❶ __________   ❷ __________   ❸ __________

❹ __________   ❺ __________   ❻ __________

❼ __________   ❽ __________   ❾ __________

❿ __________

5 자신의 상황에서 자유롭게 말해 보세요.

❶ 

Q Nǐ hǎo!

A ________________!

참고 한국 Hánguó 韩国 ㅣ 중국 Zhōngguó 中国 ㅣ 일본 Rìběn 日本 ㅣ 영국 Yīngguó 英国 ㅣ 미국 Měiguó 美国 ㅣ 프랑스 Fǎguó 法国

❷ 

Q Nǐ shì nǎ guó rén?

A ________________.

❸ 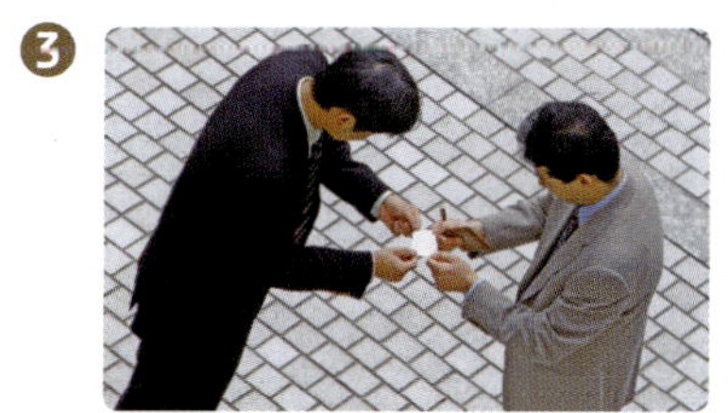

Q Nín guìxìng?

A ________________.

참고 한국어 Hányǔ 韩语 ㅣ 중국어 Hànyǔ 汉语 ㅣ 일본어 Rìyǔ 日语 ㅣ 영어 Yīngyǔ 英语 ㅣ 프랑스어 Fǎyǔ 法语

❹ 

Q Nǐ xuéxí shénme?

A ________________?

❺ 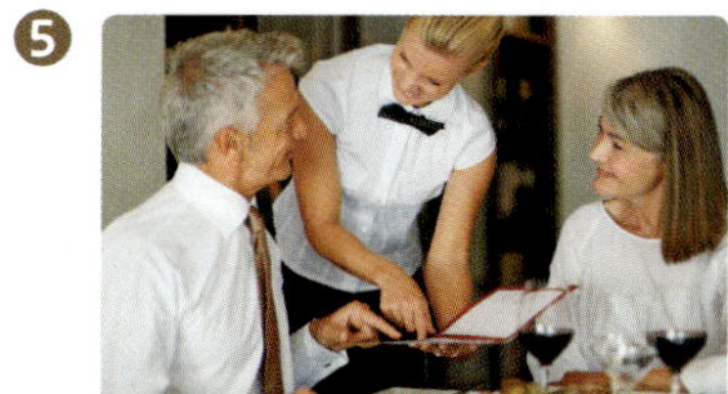

Q Nǐmen yào shénme?

A ________________.

참고 (소가 든) 만두 bāozi 包子 ㅣ 국수 miàntiáo 面条 ㅣ 케이크 dàngāo 蛋糕 ㅣ 쌀밥 mǐfàn 米饭

❻ 

Q Jīntiān xīngqī jǐ?

A ________________.

★ 한어병음으로 퍼즐을 풀어 보세요.(성조는 표기하지 않습니다.)

	1								2		
3				4							
						6					
5											
								7		8	
	9										
					10		11				
	13			12							
14											

가로 열쇠

3	好
4	감사합니다
5	사과
7	您
9	你
12	기숙사
14	몇

세로 열쇠

1	안녕히 계십시오 (가십시오)
2	은행
6	我
8	어렵다
10	五
11	살다, 거주하다
13	一

7

您贵姓?

Nín guìxìng?

당신은 성이 어떻게 되나요?

\회화/

이름 묻고 답하기 / 국적 말하기

\어법/

중국어의 기본 문형 / 의문문의 어순 / 吗를 사용한 의문문 / 부사 不, 也, 都

회화 01 린나는 선생님과 인사를 나눈다 🔊 088

林娜	老师，您贵姓？ Lǎoshī, nín guìxìng?
王老师	我姓王。 Wǒ xìng Wáng.
林娜	王老师，您好！ Wáng lǎoshī, nín hǎo!
王老师	你好！你叫什么名字？ Nǐ hǎo! Nǐ jiào shénme míngzi?
林娜	我叫林娜。 Wǒ jiào Línnà.
王老师	你是哪国人？ Nǐ shì nǎ guó rén?
林娜	我是法国人。 Wǒ shì Fǎguó rén.

tip

1 명사 + 呢

명사 혹은 대사 뒤에 '呢'를 붙이면 생략 의문문을 만들 수 있다.

A 你是哪国人？　　　　　당신은 어느 나라 사람이에요？
　　Nǐ shì nǎ guó rén?

B 我是英国人。你呢？　　저는 영국인입니다. 당신은요？
　　Wǒ shì Yīngguó rén. Nǐ ne?

A 我是法国人。　　　　　저는 프랑스인입니다.
　　Wǒ shì Fǎguó rén.

林娜　你好!
Nǐ hǎo!

马小红　你好!
Nǐ hǎo!

林娜　你叫什么名字?
Nǐ jiào shénme míngzi?

马小红　我叫马小红。你们呢?[1]
Wǒ jiào Mǎ Xiǎohóng. Nǐmen ne?

林娜　我叫林娜，他叫大卫。
Wǒ jiào Línnà, tā jiào Dàwèi.

马小红　你们都是英国人吗?
Nǐmen dōu shì Yīngguó rén ma?

林娜　不[2]，我是法国人，他是英国人。
Bù, wǒ shì Fǎguó rén, tā shì Yīngguó rén.

---

tip

2　不의 성조 변화

'不(bù)'는 제1, 2, 3성 앞에서는 제4성으로 읽고, 제4성 앞에서는 제2성으로 읽는다.

bù　不都是韩国人　　모두가 한국인은 아니다
bù dōu shì Hánguó rén

　　不学习汉语　　중국어를 공부하지 않는다　　　不好　좋지 않다
bù xuéxí Hànyǔ　　　　　　　　　　　　　　　　bù hǎo

bú　不是韩国人　　한국인이 아니다
bú shì Hánguó rén

马小红	你们学习什么？ Nǐmen xuéxí shénme?

林娜	我学习汉语。 Wǒ xuéxí Hànyǔ.
大卫	我也学习汉语。 Wǒ yě xuéxí Hànyǔ.
马小红	你们都学习汉语。 Nǐmen dōu xuéxí Hànyǔ.
大卫	你学习什么？ Nǐ xuéxí shénme?
马小红	我学习英语，也学习法语。 Wǒ xuéxí Yīngyǔ, yě xuéxí Fǎyǔ.

您 nín 〔대〕 당신

你 nǐ 〔대〕 너, 당신

我 wǒ 〔대〕 나

他 tā 〔대〕 그

她 tā 〔대〕 그녀

们 men 〔접미〕 들

老师 lǎoshī 〔명〕 선생님

贵姓 guìxìng 〔명〕 성, 성씨

姓 xìng 〔명〕 성, 성씨 〔동〕 성이 ~이다

叫 jiào 〔동〕 ~라고 부르다, ~라고 히다

什么 shénme 〔대〕 무엇, 무슨, 어떤

名字 míngzi 〔명〕 이름

是 shì 〔동〕 ~이다

哪国人 nǎ guó rén 어느 나라 사람

哪 nǎ 〔대〕 어느, 어디

国 guó 〔명〕 나라

人 rén 〔명〕 사람

学习 xuéxí 〔동〕 학습하다, 공부하다

汉语 Hànyǔ 〔명〕 중국어

英语 Yīngyǔ 〔명〕 영어

法语 Fǎyǔ 〔명〕 프랑스어

好 hǎo 〔형〕 안녕하다, 좋다

也 yě 〔부〕 ~도, 또한, 역시

都 dōu 〔부〕 모두, 다, 전부

不 bù 〔부〕 ~하지 않다, ~아니다

呢 ne 〔조〕 ~는요?

吗 ma 〔조〕 ~입니까?[문장 끝에 쓰여 의문의 어기를 나타냄]

고유명사

英国 Yīngguó 〔고유〕 영국

法国 Fǎguó 〔고유〕 프랑스

이미지로 익히는 단어

韩国 한국
Hánguó

中国 중국
Zhōngguó

美国 미국
Měiguó

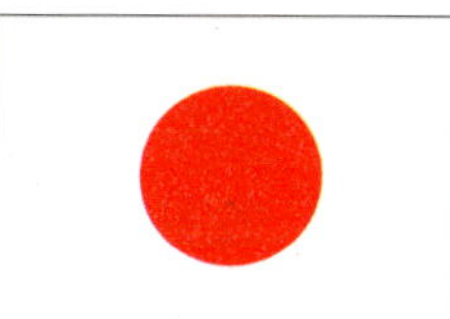
日本 일본
Rìběn

1 중국어의 기본 문형

주어 + 동사 + 목적어

我是法国人。
Wǒ shì Fǎguó rén.

我学习汉语。
Wǒ xuéxí Hànyǔ.

我姓王。
Wǒ xìng Wáng.

✓ 확인 체크 다음 문장을 바르게 고치세요.

❶ 我英语学习。 → _______________________________

❷ 是他中国人。 → _______________________________

2 의문문의 어순

중국어 의문문의 어순은 평서문과 동일하다.

A 你学习什么?
Nǐ xuéxí shénme?

B 我学习汉语。
Wǒ xuéxí Hànyǔ.

A 你是哪国人?
Nǐ shì nǎ guó rén?

B 我是英国人。
Wǒ shì Yīngguó rén.

✓ 확인 체크 제시된 단어를 배열하여 문장을 완성하세요.

❶ 哪 / 人 / 大卫 / 是 / 国 → _______________________________

❷ 她 / 名字 / 什么 / 叫 → _______________________________

3

吗를 사용한 의문문

'吗'는 평서문 뒤에 쓰여 의문문을 만든다.

평서문 + 吗?

A　你是韩国人吗?
Nǐ shì Hánguó rén ma?

B1　对，我是韩国人。
Duì, wǒ shì Hánguó rén.

B2　不，我不是韩国人。
Bù, wǒ bú shì Hánguó rén.

⁺对 duì 혱 맞다, 옳다

✔ 확인 체크　'吗'를 사용하여 다음 대화를 완성하세요.

A　他＿＿＿＿＿＿＿＿＿＿＿＿？

B　他学习英语。

4

부사 不, 也, 都

'不', '也', '都'는 모두 부사로, 동사 또는 형용사 앞에 놓인다.

他学习汉语。
Tā xuéxí Hànyǔ.

他也学习汉语。
Tā yě xuéxí Hànyǔ.

他们都学习汉语。
Tāmen dōu xuéxí Hànyǔ.

他不学习汉语。
Tā bù xuéxí Hànyǔ.

他也不学习汉语。
Tā yě bù xuéxí Hànyǔ.

他们都不学习汉语。
Tāmen dōu bù xuéxí Hànyǔ.

✔ 확인 체크　제시된 단어가 들어갈 알맞은 위치를 고르세요.

❶ A 他们　B 是　C 英国人。　　[也]

❷ A 他们　B 不是　C 英国人。　[都]

1 녹음을 듣고 큰 소리로 따라 읽어 보세요.

bù gāo	bù xīn	bù gānjìng
bù tián	bù yuǎn	bù lěng
bú jìn	bú qù	bú dà
bú shòu	bú pàng	

2 녹음을 듣고 실제로 발음하는 '不'의 성조를 표시하세요.

❶ bu hēi　　❷ bu rè　　❸ bu máng

❹ bu kěyǐ　　❺ bu xíng　　❻ bu shì

❼ bu mài　　❽ bu duō　　❾ bu kàn

3 병음을 보고 중국어로 쓴 후, 정확하게 읽어 보세요.

❶ Tā jiào shénme míngzi?

→ ____

❷ Wǒmen lǎoshī bú xìng Wáng.

→ ____

❸ Tāmen dōu bú shì Zhōngguó rén.

→ ____

❹ Nǐmen dōu xuéxí Hànyǔ ma?

→ ____

★ 기본 문형을 익힌 후, 다양한 단어로 교체 연습을 해보세요.

1 〔094〕

A 你学习什么?
Nǐ xuéxí shénme?

B 我学习 (汉语)。
Wǒ xuéxí Hànyǔ.

英语 Yīngyǔ 영어
法语 Fǎyǔ 프랑스어
日语 Rìyǔ 일본어
西班牙语 Xībānyáyǔ 스페인어

A 他呢?
Tā ne?

B 他也学习 (汉语)。我们都学习 (汉语)。
Tā yě xuéxí Hànyǔ.　　Wǒmen dōu xuéxí Hànyǔ.

2 〔095〕

A 你是 (中国人) 吗?
Nǐ shì Zhōngguó rén ma?

B 对，我是 (中国人)。
Duì, wǒ shì Zhōngguó rén.

法国人 Fǎguó rén 프랑스인
英国人 Yīngguó rén 영국인
德国人 Déguó rén 독일인

A 她呢?
Tā ne?

B 她不是 (中国人)。
Tā bú shì Zhōngguó rén.

＊단어 日语 Rìyǔ 명 일본어 ｜ 西班牙语 Xībānyáyǔ 명 스페인어 ｜ 德国 Déguó 고유 독일

1 제시된 단어가 들어갈 알맞은 위치를 고르세요.

❶ A 他们 B 学习 C 汉语。　不

❷ A 她 B 学习 C 汉语吗？　也

❸ A 他们 B 不 C 是法国人。　也

❹ A 她 B 叫林娜 C 。　不

2 제시된 단어를 배열하여 문장을 완성하세요.

❶ 我们 / 学习 / 汉语 / 都

→ _______________________________________

❷ 他们都 / 是 / 英国人 / 不

→ _______________________________________

❸ 马小红 / 吗 / 是 / 法国人

→ _______________________________________

3 보기 를 참고하여, 친구들의 이름과 국적을 쓰세요.

보기 │ 金 Jīn 김 │ 李 Lǐ 이 │ 王 Wáng 왕 │ 郑 Zhèng 정 │ 崔 Cuī 최 │ 洪 Hóng 홍

	姓名 xìngmíng 성명	国籍 guójí 국적
A	李大中	韩国
B		
C		
D		

4 그림을 보고 대화를 완성하세요.

❶ 

A 他是哪国人？

B ＿＿＿＿＿＿＿＿＿＿＿＿＿。

❷ 

A 他叫什么名字？

B ＿＿＿＿＿＿＿＿＿＿＿＿＿。

❸ 

A 她学习什么？

B ＿＿＿＿＿＿＿＿＿＿＿＿＿。

❹ 

A 她学习法语吗？

B ＿＿＿＿＿＿＿＿＿＿＿＿＿。(不)

5 빈칸에 들어갈 알맞은 단어를 보기 에서 찾아 쓴 후, 큰 소리로 읽어 보세요.

보기 ｜ 叫　是　都　也

我＿＿＿法国人，我＿＿＿林娜。
Wǒ ＿＿＿＿ Fǎguó rén, wǒ ＿＿＿＿ Línnà.

我学习汉语。
Wǒ xuéxí Hànyǔ.

他是英国人，　叫大卫。
Tā shì Yīngguó rén, jiào Dàwèi.

他＿＿＿学习汉语。我们＿＿＿学习汉语。
Tā ＿＿＿＿ xuéxí Hànyǔ.　Wǒmen ＿＿＿＿ xuéxí Hànyǔ.

중국인의 성씨

　중국인에게 "您贵姓?" 하고 물으면, 우리에게 친숙한 '李(Lǐ)', '王(Wáng)' 외에도 지금껏 들어 보지 못한 다양한 성씨로 대답할 것입니다. 중국에는 다양한 성씨가 존재하며, 실제로 많이 쓰이는 성씨는 1000여 개 정도 된다고 하는데요, 통계에 따르면 북부 지역에는 '王'씨가, 남부 지역에는 '陈(Chén)'씨가, 중부 지역에는 '李'씨가 많다고 합니다.

　중국에는 '马(mǎ)', '羊(yáng)'과 같이 자신의 부족이 숭배하는 동물과 관련 있는 성씨, '宋(Sòng)', '秦(Qín)'과 같이 자신의 선조 국가와 연관 있는 성씨, '姚(Yáo)', '姬(Jī)'와 같이 모계 사회의 영향으로 한자에 '女(nǚ)'가 들어간 성씨, '司马(Sīmǎ)'와 같이 관직명이 들어간 성씨 등이 있습니다.

　중국인들은 서로 친한 사이일 경우에는 성씨 앞에 '老(lǎo)' 또는 '小(xiǎo)'를 붙여 부르기도 합니다. 자신보다 나이가 많은 사람에게는 성씨 앞에 '老'를 붙여 '老王(Lǎo Wáng)'이라고 부르고, 자신보다 나이가 어린 사람에게는 성씨 앞에 '小'를 붙여 '小李(Xiǎo Lǐ)'라고 부릅니다.

중국의 다양한 성씨

성씨 앞에 老, 小를 붙여 인사하는 중국

★ 좀 더 알아보세요!

중국에서 가장 많은 성씨는 무엇인지 조사해 보세요.

8

你住哪儿?

Nǐ zhù nǎr?

당신은 어디에 사나요?

\회화/

택시 타기 / 거주지 묻고 답하기 / 연락처 물어보기

\어법/

숫자 읽는 법 / 번호 읽는 법 / 시간명사의 위치

회화 01 택시를 탄 후 행선지를 말한다

096

司机[1]
去哪儿?
Qù nǎr?

大卫
南京路。
Nánjīng Lù.

司机
什么?
Shénme?

大卫
南京路。
Nánjīng Lù.

司机
是南京路吗?
Shì Nánjīng Lù ma?

大卫
对。
Duì.

司机
好的。
Hǎo de.

tip

1 **司机**

자동차, 전차, 기차 등을 운전하는 기사를
'司机(sījī)'라고 한다.

大卫　你住哪儿?
Nǐ zhù nǎr?

亚历山大　我住留学生宿舍。
Wǒ zhù liúxuéshēng sùshè.

大卫　几号楼?
Jǐ hào lóu?

亚历山大　3号楼。
Sān hào lóu.

大卫　几号房间?
Jǐ hào fángjiān?

亚历山大　205房间。你呢?
Èr líng wǔ fángjiān. Nǐ ne?

大卫　我住北京路328号。[2]
Wǒ zhù Běijīng Lù sānbǎi èrshíbā hào.

---

tip

2　중국의 주소 표기 순서

주소를 쓸 때는 큰 지역에서 작은 지역 단위로 쓴다.

中国	上海	北京路	318号
Zhōngguó	Shànghǎi	Běijīng Lù	sānbǎi yīshíbā hào
중국	상하이	베이징로	318호

亚历山大　我可以[3]给你打电话吗?
Wǒ kěyǐ gěi nǐ dǎ diànhuà ma?

大卫　可以。
Kěyǐ.

亚历山大　你的电话号码是多少?
Nǐ de diànhuà hàomǎ shì duōshao?

大卫　我的电话号码是65987432。
Wǒ de diànhuà hàomǎ shì liù wǔ jiǔ bā qī sì sān èr.

亚历山大　今天晚上你在家吗?
Jīntiān wǎnshang nǐ zài jiā ma?

大卫　今天晚上我不在家。
Jīntiān wǎnshang wǒ bú zài jiā.

亚历山大　明天上午呢?
Míngtiān shàngwǔ ne?

大卫　也不在家。我明天下午在家。
Yě bú zài jiā.　Wǒ míngtiān xiàwǔ zài jiā.

---

tip

3　可以

'可以'는 '~할 수 있다', '~해도 된다'라는 뜻으로, 가능이나 능력 또는 허가를 나타낸다.

他**可以**来。　그는 올 수 있다.
Tā kěyǐ lái.

你**可以**走。　당신은 가도 돼요.
Nǐ kěyǐ zǒu.

*来 lái 동 오다 ｜ 走 zǒu 동 걷다, 떠나다

099

□□ 去 qù 동 가다	□□ 给 gěi 개 ~에게
□□ 哪儿 nǎr 대 어디, 어느 곳	□□ 打 dǎ 동 (손이나 기구를 이용하여) 치다, 때리다, (전화를) 걸다
□□ 对 duì 형 맞다, 옳다	
□□ 好的 hǎo de 좋아, 응	□□ 电话 diànhuà 명 전화
□□ 住 zhù 동 살다, 거주하다	□□ 号码 hàomǎ 명 번호
□□ 留学生 liúxuéshēng 명 유학생	□□ 多少 duōshao 대 얼마, 몇
□□ 学生 xuésheng 명 학생	□□ 可以 kěyǐ 조동 ~할 수 있다, ~해도 된다
□□ 宿舍 sùshè 명 기숙사	□□ 在家 zài jiā 집에 있다
□□ 楼 lóu 명 건물	□□ 在 zài 동 ~에 있다 개 ~에, ~에서
□□ 号 hào 양 호	□□ 家 jiā 명 집
□□ 房间 fángjiān 명 방	□□ 今天 jīntiān 명 오늘
□□ 几 jǐ 대 몇	□□ 明天 míngtiān 명 내일
□□ 百 bǎi 수 100, 백	□□ 上午 shàngwǔ 명 오전
□□ 〇(零) líng 수 0, 영	□□ 下午 xiàwǔ 명 오후
□□ 路 lù 명 길	□□ 晚上 wǎnshang 명 저녁
□□ 的 de 조 ~의, ~의 것	
□□ 给…打电话 gěi…dǎ diànhuà ~에게 전화를 걸다	

고유명사

□□ 南京路 Nánjīng Lù 고유 난징로

□□ 北京路 Běijīng Lù 고유 베이징로

이미지로 익히는 단어

学校 학교
xuéxiào

图书馆 도서관
túshūguǎn

公寓 아파트
gōngyù

饭店 호텔, 식당
fàndiàn

1 숫자 읽는 법

중국어로 숫자를 읽을 때, 백 이상의 숫자에서 중간에 '0'이 있을 경우 '0'을 읽어야
한다.

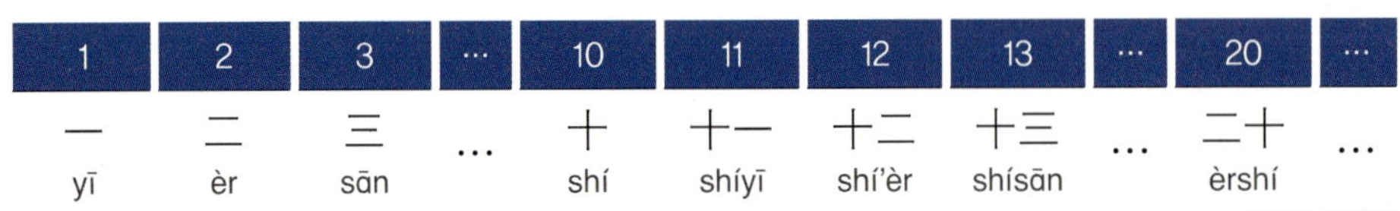

1	2	3	…	10	11	12	13	…	20	…
一 yī	二 èr	三 sān	…	十 shí	十一 shíyī	十二 shí'èr	十三 shísān	…	二十 èrshí	…

30	…	99	100	101	102
三十 sānshí	…	九十九 jiǔshíjiǔ	一百 yìbǎi	一百零一 yìbǎi líng yī	一百零二 yìbǎi líng èr

110	111	…	999
一百一十 yìbǎi yīshí	一百一十一 yìbǎi yīshíyī	…	九百九十九 jiǔbǎi jiǔshíjiǔ

✓ 확인 체크　다음 숫자를 중국어로 읽으세요.

❶ 18 → ＿＿＿＿＿＿＿＿＿＿

❷ 23 → ＿＿＿＿＿＿＿＿＿＿

❸ 45 → ＿＿＿＿＿＿＿＿＿＿

❹ 69 → ＿＿＿＿＿＿＿＿＿＿

❺ 174 → ＿＿＿＿＿＿＿＿＿＿

❻ 206 → ＿＿＿＿＿＿＿＿＿＿

❼ 987 → ＿＿＿＿＿＿＿＿＿＿

❽ 350 → ＿＿＿＿＿＿＿＿＿＿

❾ 402 → ＿＿＿＿＿＿＿＿＿＿

❿ 898 → ＿＿＿＿＿＿＿＿＿＿

 번호 읽는 법

전화번호와 방 번호는 숫자를 하나하나씩 순서대로 읽는다.

❶ 방 번호　⇒　205房间(二〇五房间)
　　　　　　　　　èr líng wǔ fángjiān

주의 중간에 '0'이 있을 경우 '0'을 읽어야 한다.

❷ 전화번호　⇒　62847913
　　　　　　　　　liù èr bā sì qī jiǔ yī(yāo) sān

이때 숫자 '1'은 보통 'yāo'라고 읽는다.

✔ **확인 체크**　다음 번호를 중국어로 읽으세요.

❶ 404房间　　　　　　→　_______________________________

❷ 电话号码 010-6564279　→　_______________________________

 시간명사의 위치

시간명사는 일반적으로 주어 앞 또는 주어 뒤 술어 앞에 위치한다.

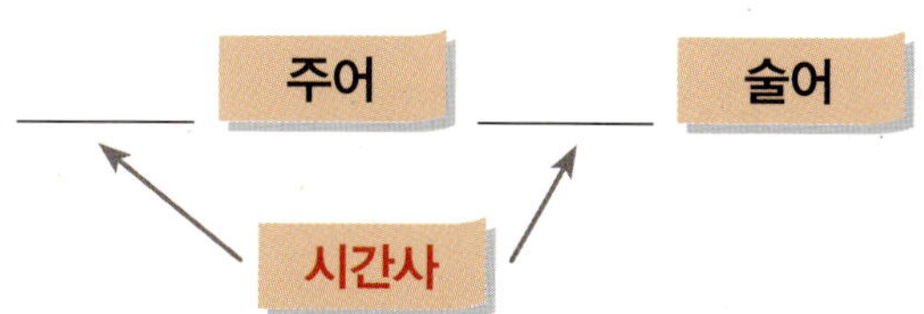

今天晚上你在家吗?　　　　　　你今天晚上在家吗?
Jīntiān wǎnshang nǐ zài jiā ma?　　Nǐ jīntiān wǎnshang zài jiā ma?

✔ **확인 체크**　제시된 단어가 들어갈 알맞은 위치를 고르세요.

❶ A 他给我 B 打 C 电话。　　[昨天]

❷ A 明天 B 我不 C 在家。　　[上午]

발음 구별하기

1 녹음을 듣고 큰 소리로 따라 읽어 보세요.  100

nàr nǎr	Běijīng bèijǐng
fángjiān fàndiàn	shàngwǔ xiàwǔ
shí hào sì hào	jǐ hào qī hào

2 녹음을 듣고 빈칸에 알맞은 발음을 쓰세요.  101

❶ l＿＿＿x＿＿＿sh＿＿＿　　❷ s＿＿＿sh＿＿＿

❸ d＿＿＿d＿＿＿h＿＿＿　　❹ h＿＿＿m＿＿＿

❺ d＿＿＿sh＿＿＿　　❻ k＿＿＿y＿＿＿

❼ m＿＿＿t＿＿＿　　❽ w＿＿＿sh＿＿＿

문장 읽기 연습

3 병음을 보고 중국어로 쓴 후, 정확하게 읽어 보세요.

❶ Wǒ zhù xuésheng sùshè èr líng sān fángjiān.

→ ＿＿＿＿＿＿＿＿＿＿＿＿＿＿＿＿＿＿＿＿＿＿

❷ Wǒ jīntiān xiàwǔ gěi nǐ dǎ diànhuà.

→ ＿＿＿＿＿＿＿＿＿＿＿＿＿＿＿＿＿＿＿＿＿＿

❸ Míngtiān wǎnshang wǒ bú zài jiā.

→ ＿＿＿＿＿＿＿＿＿＿＿＿＿＿＿＿＿＿＿＿＿＿

★ 기본 문형을 익힌 후, 다양한 단어로 교체 연습을 해보세요.

1 〔102〕

A 你住哪儿?
Nǐ zhù nǎr?

B 我住 留学生宿舍。
Wǒ zhù liúxuéshēng sùshè.

↻ 北京路318号 베이징로 318호
Běijīng Lù sānbǎi yīshíbā hào

5号楼205房间 5동 205호
wǔ hào lóu èr líng wǔ fángjiān

3号楼407房间 3동 407호
sān hào lóu sì líng qī fángjiān

2 〔103〕

A 我 今天晚上 去你家，可以吗?
Wǒ jīntiān wǎnshang qù nǐ jiā, kěyǐ ma?

B 可以。
Kěyǐ.

↻ 今天下午 오늘 오후
jīntiān xiàwǔ

明天上午 내일 오전
míngtiān shàngwǔ

明天晚上 내일 저녁
míngtiān wǎnshang

1 녹음을 듣고 해당하는 숫자나 번호를 쓰세요. 🔘 104

❶ _________________ ❷ _________ ❸ _____________ ❹ _________

❺ _________________________ ❻ _________________________

❼ _________________________ ❽ _________________________

2 제시된 단어를 배열하여 문장을 완성하세요.

❶ 我晚上 / 吗 / 可以给你 / 打 / 电话

→ ____

❷ 住 / 宿舍 / 可以 / 你 / 学生

→ ____

❸ 号码 / 电话 / 是 / 你的 / 多少

→ ____

❹ 我 / 北京路 / 号 / 654 / 住

→ ____

3 자신의 상황에 맞게 다음 표를 완성하세요.

참고 | 男 nán 남자 | 女 nǚ 여자

姓名 xìngmíng 성명		性别 xìngbié 성별	
国籍 guójí 국적		电话号码 diànhuà hàomǎ 전화번호	
地址 dìzhǐ 주소			

4 그림을 보고 대화를 완성하세요.

❶

A 你住哪儿?

B ________________。

❷

A 我可以给你打电话吗?

B ________________。

❸

A 今天晚上你在家吗?

B ________________。

❹

A ________________? (多少)

B 65642798。

5 빈칸에 들어갈 알맞은 단어를 보기 에서 찾아 쓴 후, 큰 소리로 읽어 보세요.

보기 | 住　给　天　生　是　在

我是美国留学生，　在中国学习汉语。
Wǒ shì Měiguó liúxuéshēng, zài Zhōngguó xuéxí Hànyǔ.

我______留学______宿舍205房间。
Wǒ ______ liúxué______ sùshè èr líng wǔ fángjiān.

我的电话号码______62345789。
Wǒ de diànhuà hàomǎ ______ liù èr sān sì wǔ qī bā jiǔ.

今______晚上我______宿舍，　你可以______我打电话。
Jīn______ wǎnshang wǒ ______ sùshè, nǐ kěyǐ ______ wǒ dǎ diànhuà.

중국의 전통 가옥 사합원

　　주거 환경은 시대에 따라 점차 변화하는데요, 현재 중국도 아파트에 거주하는 사람들이 늘어나면서 주거 환경이 과거와 많이 달라졌습니다.

　　중국의 대표적인 전통 가옥은 '사합원(四合院 sìhéyuàn)'입니다. 사합원은 3000여 년의 역사를 가지고 있으며, 이름처럼 가운데에 뜰을 두고 네 면(四)이 합쳐진(合) '口'자 형태를 하고 있습니다. 담장이 높아 문을 닫으면 외부와 완전히 격리되는 폐쇄적인 구조입니다. 사합원은 주로 북쪽 지역에서 볼 수 있는데, 사합원의 폐쇄적인 구조는 북쪽의 한랭한 기후와도 관련이 있습니다.

　　사합원은 1949년 주택난을 해소하기 위해 적극적으로 도입되었는데, 이후 사회주의 건설 붐이 일면서 대거 철거되었습니다. 2007년 이후부터 사합원이 다시 주목을 받으면서 그 가치를 인정받기 시작했습니다.

　　베이징에는 사합원의 높은 담장 사이로 '후퉁(胡同 hútòng)'이라고 불리는 작은 골목이 있습니다. 후퉁에 접해 있는 사합원은 옛날 그대로의 풍경을 간직하고 있어 중국의 정취를 느낄 수 있습니다. 후퉁은 미로처럼 복잡해서 이곳을 처음 찾는 사람들은 길을 잃기 쉽다고 합니다.

'口' 형태인 사합원

후퉁

사합원을 개조한 상점

❂ 좀 더 알아보세요!

중국 푸젠성 토루에 대해 알아보세요.

9

我要买两本词典。

Wǒ yào mǎi liǎng běn cídiǎn.

저는 사전 두 권을 사려고 해요.

\회화/

계획 묻기 / 약속하기

\어법/

有와 没有 / 양사 / 二과 两

듣고 말하는 회화

亚历山大 明天没有课，你干什么？
Míngtiān méiyǒu kè, nǐ gàn shénme?

大卫 我要去买东西。你呢？
Wǒ yào qù mǎi dōngxi. Nǐ ne?

亚历山大 我也要去买东西。你要买什么东西？
Wǒ yě yào qù mǎi dōngxi. Nǐ yào mǎi shénme dōngxi?

大卫 我要买两本词典。
Wǒ yào mǎi liǎng běn cídiǎn.

亚历山大 两本什么词典？
Liǎng běn shénme cídiǎn?

大卫 一[1]本汉英词典，一本英汉词典。
Yì běn Hàn-Yīng cídiǎn, yì běn Yīng-Hàn cídiǎn.

---

tip

1 一의 성조 변화

'一(yī)'는 제1, 2, 3성 앞에서는 제4성으로 읽고, 제4성 앞에서는 제2성으로 읽는다.

一张地图 지도 한 장　　　一条马路 길 하나
yì zhāng dìtú　　　　　yì tiáo mǎlù

一本词典 사전 한 권　　　一辆自行车 자전거 한 대
yì běn cídiǎn　　　　　yí liàng zìxíngchē

✚马路 mǎlù 명 대로, 큰길

王林　我明天要去买词典，你去吗？
Wǒ míngtiān yào qù mǎi cídiǎn, nǐ qù ma?

李大中　我不去，我有词典。
Wǒ bú qù, wǒ yǒu cídiǎn.

可是，我没有自行车，我要去买一辆自行车。
Kěshì, wǒ méiyǒu zìxíngchē, wǒ yào qù mǎi yí liàng zìxíngchē.

王林　我也没有自行车，我也要去买一辆。
Wǒ yě méiyǒu zìxíngchē, wǒ yě yào qù mǎi yí liàng.

我还要买一张地图。
Wǒ hái yào mǎi yì zhāng dìtú.

李大中　我也要买一张地图。
Wǒ yě yào mǎi yì zhāng dìtú.

王林　咱们[2]一起去，好吗？
Zánmen yìqǐ qù, hǎo ma?

李大中　好，一起去。
Hǎo, yìqǐ qù.

tip

2　咱们

‘咱们’은 자기 쪽인 ‘我们’과 상대방 쪽인 ‘你们’을 포함한다.

田中　**你明天去买东西吗？**
Nǐ míngtiān qù mǎi dōngxi ma?

林娜　**是的。我要买一辆自行车，还要买一张地图。**
Shì de.　Wǒ yào mǎi yí liàng zìxíngchē, hái yào mǎi yì zhāng dìtú.

田中　**你一个人去吗？**
Nǐ yí ge rén qù ma?

林娜　**不，我跟我的中国朋友一起去。**
Bù, wǒ gēn wǒ de Zhōngguó péngyou yìqǐ qù.

田中　**你的中国朋友是谁？**
Nǐ de Zhōngguó péngyou shì shéi?

林娜　**她叫马小红，是个大学生。[3] 明天我跟她一起去。**
Tā jiào Mǎ Xiǎohóng, shì ge dàxuéshēng. Míngtiān wǒ gēn tā yìqǐ qù.

田中　**明天我也要去买东西。**
Míngtiān wǒ yě yào qù mǎi dōngxi.

林娜　**太好了，咱们一起去。**
Tài hǎo le, zánmen yìqǐ qù.

tip

3　是个大学生

'是一个大学生'과 같은 의미로, 여기서는 숫자 '一'가 생략됐다.

□□ 课 kè 몡 수업, 과

□□ 干 gàn 동 하다

□□ 要 yào 조동 ~하려고 하다, ~할 것이다
동 원하다, 필요하다

□□ 买 mǎi 동 사다

□□ 东西 dōngxi 몡 물건

□□ 有 yǒu 동 (가지고) 있다

□□ 没有 méiyǒu 동 없다

□□ 词典 cídiǎn 몡 사전

□□ 汉英词典 Hàn-Yīng cídiǎn 중영사전

□□ 英汉词典 Yīng-Hàn cídiǎn 영중사전

□□ 本 běn 양 권[책을 세는 단위]

□□ 自行车 zìxíngchē 몡 자전거

□□ 辆 liàng 양 대[차량을 세는 단위]

□□ 地图 dìtú 몡 지도

□□ 张 zhāng 양 장, 개[종이·책상·침대 등 넓은 표면
을 가진 것을 세는 단위]

□□ 朋友 péngyou 몡 친구

□□ 个 gè 양 개, 명[사람이나 사물을 세는 단위]

□□ 两 liǎng 주 2, 둘

□□ 大学生 dàxuéshēng 몡 대학생

□□ 大学 dàxué 몡 대학

□□ 咱们 zánmen 대 우리(들)

□□ 谁 shéi/shuí 대 누구

□□ 跟 gēn 개 ~와

□□ 一起 yìqǐ 뿐 함께

□□ 好 hǎo 혱 좋다

□□ 还 hái 뿐 또, 더

□□ 可是 kěshì 접 그러나, 하지만

□□ 太…了 tài…le 매우 ~하다

고유명사

□□ 中国 Zhōngguó 고유 중국

이미지로 익히는 단어

一个人 사람 한 명
yí ge rén

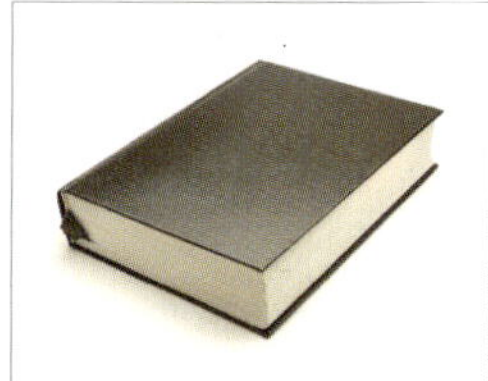

一本书 책 한 권
yì běn shū

一辆车 차 한 대
yí liàng chē

一张桌子 탁자 하나
yì zhāng zhuōzi

1 有와 没有

'有'는 '가지고 있다'라는 의미로 소유를 나타낸다. '有'의 부정형은 '没有'이다.

我没有英汉词典。
Wǒ méiyǒu Yīng-Hàn cídiǎn.

我没有地图。
Wǒ méiyǒu dìtú.

✔ 확인 체크 '不' 또는 '没'를 넣어 문장을 완성하세요.

❶ 他＿＿＿＿是留学生。

❷ 我＿＿＿＿有自行车，我要去买一辆自行车。

2 양사

사물을 세는 단위를 '양사'라고 한다. 중국어에서는 사물을 셀 때 수사와 명사 사이에 양사를 써야 한다. '个'는 '개', '명'이라는 뜻으로, 가장 보편적으로 쓰이는 양사이다.

수사 + 양사 + 명사

一个朋友
yí ge péngyou

一本词典
yì běn cídiǎn

一辆自行车
yí liàng zìxíngchē

✔ 확인 체크 빈칸에 들어갈 알맞은 양사를 보기 에서 고르세요.

보기 ｜ 辆   个   张   本

❶ 一＿＿＿＿地图

❷ 一＿＿＿＿大学生

❸ 一＿＿＿＿韩汉词典

❹ 一＿＿＿＿自行车

3 二과 两

‘二’과 ‘两’은 모두 숫자 ‘2’를 나타내지만, 양사 앞에는 ‘二’을 쓰지 않고 ‘两’을 쓴다.

两 + 양사(+ 명사)

两个朋友
liǎng ge péngyou

两本词典
liǎng běn cídiǎn

两辆自行车
liǎng liàng zìxíngchē

两个人
liǎng ge rén

하지만 두 자릿수 이상과 ‘十’ 앞에서는 ‘二’을 쓰고, 백 단위에서는 ‘两’, ‘二’ 둘 다 쓸 수 있다.

十二个人
shí'èr ge rén

二十个人
èrshí ge rén

二百个人 / 两百个人
èrbǎi ge rén　　liǎngbǎi go rén

✔ **확인 체크**　　다음 문장을 바르게 고치세요.

❶ 我有二本中文词典。　　→ ___________________________

❷ 我有十两个中国朋友。　　→ ___________________________

*中文 Zhōngwén 명 중국어

1 녹음을 듣고 큰 소리로 따라 읽어 보세요. 

yì jiā	yì xiē	yì bēi
yì píng	yì tiáo	yì tái
yìqǐ	yìzǎo	yì kǒu
yí liàng	yí jiàn	yí cì

2 녹음을 듣고 실제로 발음하는 '一'의 성조를 표시하세요. 

❶ yi tiān ❷ yi céng ❸ yi zhāng ❹ yi bǐ

❺ yi wèi ❻ yi běn ❼ yigòng

❽ yi diǎn ❾ yidìng ❿ yi háng

3 병음을 보고 중국어로 쓴 후, 정확하게 읽어 보세요.

❶ Wǒ míngtiān yào qù mǎi dōngxi.

→ ________________________________

❷ Tā yǒu liǎng ge Zhōngguó péngyou.

→ ________________________________

❸ Wǒ méiyǒu cídiǎn, wǒ yào qù mǎi yì běn cídiǎn.

→ ________________________________

★ 기본 문형을 익힌 후, 다양한 단어로 교체 연습을 해보세요.

1 〔111〕

A 你有自行车吗?
Nǐ yǒu zìxíngchē ma?

B 我没有自行车。
Wǒ méiyǒu zìxíngchē.

北京地图 베이징 지도
Běijīng dìtú

中国朋友 중국 친구
Zhōngguó péngyou

汉语词典 중국어 사전
Hànyǔ cídiǎn

2 〔112〕

A 你有几个中国朋友?
Nǐ yǒu jǐ ge Zhōngguó péngyou?

B 我有两个中国朋友。
Wǒ yǒu liǎng ge Zhōngguó péngyou.

个 명 / 汉语老师 중국어 선생님
gè　　　Hànyǔ lǎoshī

张 장 / 地图 지도
zhāng　 dìtú

本 권 / 词典 사전
běn　　 cídiǎn

3 〔113〕

A 你明天干什么?
Nǐ míngtiān gàn shénme?

B 我明天要去买一本英汉词典。
Wǒ míngtiān yào qù mǎi yì běn Yīng-Hàn cídiǎn.

一本汉英词典 중영사전 한 권
yì běn Hàn-Yīng cídiǎn

一辆自行车 자전거 한 대
yí liàng zìxíngchē

一张地图 지도 한 장
yì zhāng dìtú

1 다음 문장을 부정문으로 바꾸세요.

❶ 我是法国人。 → ________________________

❷ 林娜在315房间。 → ________________________

❸ 我有一张中国地图。 → ________________________

❹ 同学们都有汉英词典，我也有汉英词典。   ✦同学 tóngxué 몡 학우, 학교 친구

→ ________________________

2 제시된 단어를 배열하여 문장을 완성하세요.

❶ 她的家 / 两 / 房间 / 个 / 有   → ________________________

❷ 明天他 / 买 / 去 / 要 / 中国地图   → ________________________

❸ 中国 / 马小红 / 是 / 朋友 / 林娜的   → ________________________

3 보기 를 보고 자신이 사고 싶은 물품과 수량을 쓰세요.

구매할 물품	수량

4 그림을 보고 대화를 완성하세요.

❶ 

A 你明天干什么？

B ＿＿＿＿＿＿＿＿＿＿＿＿。

❷ 

A 你有中国地图吗？

B ＿＿＿＿＿＿＿＿＿＿＿＿。

❸ 

A 咱们一起去买，好吗？

B ＿＿＿＿＿＿＿＿＿＿＿＿。

❹ 

A 明天你在家吗？

B ＿＿＿＿＿＿＿＿＿＿＿＿。

5 빈칸에 들어갈 알맞은 단어를 보기 에서 찾아 쓴 후, 큰 소리로 읽어 보세요.

> 보기 ｜ 朋　西　地　有　词

田中明天要去买＿＿＿典，　　她还要买一张＿＿＿图。
Tiánzhōng míngtiān yào qù mǎi ＿＿＿diǎn, tā hái yào mǎi yì zhāng ＿＿＿tú.

林娜没＿＿＿自行车，她明天要去买一辆自行车。
Línnà méi＿＿＿ zìxíngchē, tā míngtiān yào qù mǎi yí liàng zìxíngchē.

林娜有一个中国＿＿＿友，　　是个大学生，　叫马小红，
Línnà yǒu yí ge Zhōngguó ＿＿＿you, shì ge dàxuéshēng, jiào Mǎ Xiǎohóng,

明天她们跟马小红一起去买东＿＿＿。
míngtiān tāmen gēn Mǎ Xiǎohóng yìqǐ qù mǎi dōng＿＿＿.

중국의 쇼핑 명소

중국의 대표적인 쇼핑 명소로 왕푸징(王府井 Wángfǔjǐng)을 들 수 있습니다. 왕푸징은 원래 왕가의 사람들이 사는 곳에 있던 우물에서 유래된 지명입니다. 지금은 차 없는 거리로 지정돼 양쪽에 있는 쇼핑몰과 백화점을 걸어 다니면서 자유롭게 구경할 수 있습니다. 베이징식 오리구이인 카오야(烤鸭 kǎoyā) 전문점 첸쥐더(全聚德 Quánjùdé)와 만두(包子 bāozi) 전문점인 거우부리(狗不理 Gǒubùlǐ) 등 유명 전통 음식집도 있습니다. 또한 왕푸징 먹자골목(王府井小吃街 Wángfǔjǐng xiǎochī jiē)에서는 색다른 꼬치를 맛볼 수 있고 다양한 전통 공예품도 구경할 수 있습니다.

톈안먼 광장 앞에는 황제가 사는 곳과 백성이 거주하는 곳을 나누는 문인 첸먼(前门 Qiánmén)이 있습니다. 첸먼다제(前门大街 Qiánmén dàjiē)는 청나라 때 베이징에서 가장 번화한 상업 거리였는데요, 지금은 중국의 전통 양식을 살려 복원한 건물과 현대적인 쇼핑 상점이 어우러져 과거와 현재가 공존하는 독특한 매력을 느낄 수 있습니다.

이국적인 카페와 바(bar)가 밀집되어 있는 싼리툰(三里屯 Sānlǐtún)은 각종 패션 브랜드와 명품 브랜드가 있어 쇼핑 명소로 손꼽히는 곳입니다. 쇼핑 매장뿐만 아니라 영화관, 레스토랑, 카페 등도 있어 중국 젊은이들이 즐겨 찾습니다.

왕푸징

싼리툰

할인 행사 중인 쇼핑몰

⊙ 좀 더 알아보세요!

중국에서 사고 싶은 물건을 소개해 보세요.

这本词典是谁的?

Zhè běn cídiǎn shì shéi de?

이 사전은 누구의 것이에요?

\회화/

물건 주인 찾기 / 물건 빌리기

\어법/

지시대사 + 수사 + 양사 + 명사 / 동사 + 一下儿 / 的자 구조

듣고 말하는 회화

大卫　**田中，这是你的书吗？**
Tiánzhōng, zhè shì nǐ de shū ma?

田中　**不是。**
Bú shì.

大卫　**王林，这是你的书吗？**
Wáng Lín, zhè shì nǐ de shū ma?

王林　**不是。**
Bú shì.

大卫　**这是谁的书？**
Zhè shì shéi de shū?

田中　**不知道。**
Bù zhīdào.

王林　**我想，这大概是王老师的书。**
Wǒ xiǎng, zhè dàgài shì Wáng lǎoshī de shū.

大卫　**王老师，这本书是您的吗？**
Wáng lǎoshī, zhè běn shū shì nín de ma?

王老师　**对，是我的。**
Duì, shì wǒ de.

大卫　**我可以看一下儿吗？**
Wǒ kěyǐ kàn yíxiàr ma?

王老师　**当然可以。**
Dāngrán kěyǐ.

회화 02 린나는 왕린에게 필요한 물건을 빌린다

林娜	这本词典是谁的?
	Zhè běn cídiǎn shì shéi de?

王林	是我的。
	Shì wǒ de.

林娜	我想用一下儿你的词典，可以吗?
	Wǒ xiǎng yòng yíxiàr nǐ de cídiǎn, kěyǐ ma?

王林	当然可以。
	Dāngrán kěyǐ.

林娜	我还想用一下儿你的笔，行吗?
	Wǒ hái xiǎng yòng yíxiàr nǐ de bǐ, xíng ma?

王林	行，没问题。你要哪支? 这支还是[1]那支?
	Xíng, méi wèntí. Nǐ yào nǎ zhī? Zhè zhī háishi nà zhī?

林娜	都可以。
	Dōu kěyǐ.

王林	给。[2]
	Gěi.

林娜	谢谢!
	Xièxie!

王林	不客气。
	Bú kèqi.

tip

1 还是

'还是'는 'A 아니면(또는) B'의 의미로 의문문에 쓰여 선택을 나타낸다.

你要这本**还是**那本?
Nǐ yào zhè běn háishi nà běn?
당신은 이 책을 원하세요 아니면 저 책을 원하세요?

2 给

여기서 '给'는 물건을 건네줄 때의 '여기 있어'라는 의미이다.

회화 **03** 컴퓨터가 필요한 알렉산더는 이대중을 찾아간다

亚历山大 我可以借一下儿你的电脑吗?
Wǒ kěyǐ jiè yíxiàr nǐ de diànnǎo ma?

李大中 对不起，我的电脑在家里。
Duìbuqǐ, wǒ de diànnǎo zài jiā li.

亚历山大 这台电脑是谁的?
Zhè tái diànnǎo shì shéi de?

李大中 是田中的。
Shì Tiánzhōng de.

亚历山大 她在哪儿?
Tā zài nǎr?

李大中 不知道。
Bù zhīdào.

보고 읽는
단어

□□ 这 zhè 때 이, 이것
□□ 那 nà 때 저, 저것
□□ 哪 nǎ 때 어느, 어디
□□ 书 shū 몡 책
□□ 笔 bǐ 몡 펜, 필기구
□□ 支 zhī 양 자루[막대 모양의 물건을 세는 단위]
□□ 电脑 diànnǎo 몡 컴퓨터
□□ 台 tái 양 대[기계나 설비 등을 세는 단위]
□□ 知道 zhīdao 동 알다, 이해하다
□□ 用 yòng 동 사용하다
□□ 看 kàn 동 보다
□□ 借 jiè 동 빌리다
□□ 想 xiǎng 조동 ~하고 싶다 동 생각하다

□□ 给 gěi 동 주다
□□ 一下儿 yíxiàr 동사 뒤에 쓰여 '좀 ~해보다'라는 뜻을 나타냄
□□ 里 lǐ 몡 안, 속
□□ 问题 wèntí 몡 문제
□□ 行 xíng 동 좋다, 괜찮다
□□ 当然 dāngrán 부 당연히
□□ 大概 dàgài 부 아마도, 대개는
□□ 还是 háishi 접 또는, 아니면
□□ 谢谢 xièxie 동 감사합니다, 고맙습니다
□□ 不客气 bú kèqi 천만에요, 별말씀을요
□□ 对不起 duìbuqǐ 동 미안합니다, 죄송합니다
□□ 没关系 méi guānxi 괜찮습니다

이미지로 익히는 **단어**

看 보다
kàn

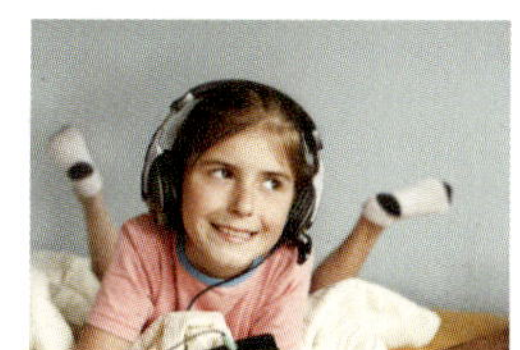

听 듣다
tīng

吃 먹다
chī

喝 마시다
hē

1 지시대사 + 수사 + 양사 + 명사

'지시대사'는 사람이나 사물을 지시할 때 쓰는 표현이다. 비교적 가까운 곳을 가리킬 때는 '这', 먼 곳을 가리킬 때는 '那', 의문을 나타낼 때는 '哪'를 쓴다.

这/那/哪(+ 수사) + 양사(+ 명사)

'这', '那', '哪'는 '수사+양사+명사' 구조 앞에 위치한다.

这两本书	那三个人	哪两个人
zhè liǎng běn shū	nà sān ge rén	nǎ liǎng ge rén

我要这两本书，不要那两本书。
Wǒ yào zhè liǎng běn shū, bú yào nà liǎng běn shū.

이때, 명사는 생략할 수 있다.

这两本	那三个
zhè liǎng běn	nà sān ge

수사가 '一'일 때는 '一'를 생략할 수 있다.

这本	那个
zhè běn	nàge

수사 '一'가 생략되었을 때, 구어에서 '这', '那', '哪'는 'zhèi', 'nèi', 'něi'로 발음할 수 있다.

A 你要哪本?
　 Nǐ yào nǎ(něi) běn?

B 我要这本。我不要那本。
　 Wǒ yào zhè(zhèi) běn. Wǒ bú yào nà(nèi) běn.

✔ **확인 체크**　다음 문장을 바르게 고치세요.

❶ 三个那人是谁?　→ ________________________

❷ 你要哪笔支?　→ ________________________

2

동사 + 一下儿

'一下儿'은 짧은 시간에 이루어지는 행동에 쓰이며 어기를 부드럽게 하는 역할을 한다.

我可以用一下儿你的电脑吗?
Wǒ kěyǐ yòng yíxiàr nǐ de diànnǎo ma?

我想借一下儿你的词典，可以吗?
Wǒ xiǎng jiè yíxiàr nǐ de cídiǎn, kěyǐ ma?

✔ 확인 체크　제시된 단어를 배열하여 문장을 완성하세요.

❶ 地图 / 看 / 吗 / 一下儿 / 你的 / 我可以　→ ＿＿＿＿＿＿＿＿＿＿＿＿＿＿

❷ 手机 / 你的 / 我 / 一下儿 / 吗 / 可以用　→ ＿＿＿＿＿＿＿＿＿＿＿＿＿＿

的자 구조

명사와 대사는 '的'를 써서 명사를 수식하여 종속 관계를 나타낸다.

명사₁/대사 + 的 + 명사₂

中国的书　　　　林娜的书　　　　朋友的书　　　　我的书
Zhōngguó de shū　Línnà de shū　　péngyou de shū　wǒ de shū

전후 문맥에 따라 중심어가 되는 명사는 생략될 수 있다.

这是我的，那是李大中的。
Zhè shì wǒ de, nà shì Lǐ Dàzhōng de.

这本书是我的，那本书是李大中的。
Zhè běn shū shì wǒ de, nà běn shū shì Lǐ Dàzhōng de.

✔ 확인 체크　'的'가 들어갈 알맞은 위치를 고르세요.

❶ 这大概是李　A　老师　B　书　C　。

❷ 这台　A　电脑是　B　谁　C　?

1 녹음을 듣고 큰 소리로 따라 읽어 보세요.  118

xiǎng	xiāng
wén	wèn
shū	shù
nà	nǎ

2 녹음을 듣고 빈칸에 알맞은 발음을 쓰세요. 119

❶ _____iàn_____ǎo   ❷ _____í_____iàr

❸ _____èn_____í   ❹ _____āng_____án

❺ _____à_____ài   ❻ _____ái_____i

❼ _____iè_____ie   ❽ _____ú_____è_____i

3 병음을 보고 중국어로 쓴 후, 정확하게 읽어 보세요.

❶ Nǎ tái diànnǎo shì nǐ de? Zhè tái háishi nà tái?

→ ____

❷ Wǒ bù zhīdào zhè shì shéi de shū.

→ ____

❸ A Wǒ kàn yíxiàr, xíng ma?

→ ____

B Xíng, méi wèntí.

→ ____

★ 기본 문형을 익힌 후, 다양한 단어로 교체 연습을 해보세요.

1　🎧 120

A 我可以借一下儿你的(地图)吗?
Wǒ kěyǐ jiè yíxiàr nǐ de dìtú ma?

B 没问题, 当然可以。
Méi wèntí, dāngrán kěyǐ.

🔄 书 shū 책
词典 cídiǎn 사전
电脑 diànnǎo 컴퓨터
自行车 zìxíngchē 자전거

2　🎧 121

A 你要哪一(支)(笔), 这一(支)还是那一(支)?
Nǐ yào nǎ yì zhī bǐ, zhè yì zhī háishi nà yì zhī?

B 我要那一(支)。
Wǒ yào nà yì zhī.

🔄 辆 liàng 대 / 自行车 zìxíngchē 자전거
台 tái 대 / 电脑 diànnǎo 컴퓨터
本 běn 권 / 书 shū 책

연습 문제

1 빈칸에 들어갈 알맞은 양사를 [보기]에서 고르세요.

> [보기] | 张　支　本　辆　台　个

❶ 一＿＿＿＿电脑　❷ 一＿＿＿＿词典　❸ 一＿＿＿＿电话号码

❹ 一＿＿＿＿朋友　❺ 一＿＿＿＿地图　❻ 一＿＿＿＿房间

❼ 一＿＿＿＿书　❽ 一＿＿＿＿笔　❾ 一＿＿＿＿自行车

2 다음 문장을 [보기]와 같이 바꾸세요.

> [보기] | 这两本是我的书。　→　这两本书是我的。

❶ 这辆是田中的自行车。　→　＿＿＿＿＿＿＿＿＿＿＿＿＿＿＿＿

❷ 那台是王林的电脑。　→　＿＿＿＿＿＿＿＿＿＿＿＿＿＿＿＿

❸ 这三支都是马小红的笔吗？　→　＿＿＿＿＿＿＿＿＿＿＿＿＿＿

3 다음 문장을 '……可以吗?', '可以……吗?' 형식으로 바꾸세요.

❶ 我借一下儿你的汉英词典。

→ ＿＿＿＿＿＿＿＿＿＿＿＿＿＿＿＿＿＿＿＿＿＿＿＿＿＿＿＿

❷ 你叫一下儿你的朋友。

→ ＿＿＿＿＿＿＿＿＿＿＿＿＿＿＿＿＿＿＿＿＿＿＿＿＿＿＿＿

❸ 明天晚上我给你打电话。

→ ＿＿＿＿＿＿＿＿＿＿＿＿＿＿＿＿＿＿＿＿＿＿＿＿＿＿＿＿

❹ 我跟你一起去买东西。

→ ＿＿＿＿＿＿＿＿＿＿＿＿＿＿＿＿＿＿＿＿＿＿＿＿＿＿＿＿

4 그림을 보고 대화를 완성하세요.

❶ 

A 这本书是你的吗？

B 不，＿＿＿＿＿＿＿＿＿＿＿＿＿ 。

❷ 

A 这两支笔都是你的吗？

B 这＿＿＿＿＿＿，那＿＿＿＿＿＿ 。

❸ 

A 我可以用一下儿你的电脑吗？

B ＿＿＿＿＿＿＿＿＿＿＿ 。（当然）

❹ 

A ＿＿＿＿＿＿＿＿＿＿＿＿？（还是）

B 我要那张，我不要这张。

5 빈칸에 들어갈 알맞은 단어를 〈보기〉에서 찾아 쓴 후, 큰 소리로 읽어 보세요.

〈보기〉 ｜ 下　里　脑　笔

林娜没有词典，也没有笔。林娜想用一＿＿＿＿儿王林的。
Línnà méiyǒu cídiǎn, yě méiyǒu bǐ. 　Línnà xiǎng yòng yí＿＿＿＿r Wáng Lín de.

王林给林娜一本词典、一支＿＿＿＿＿。
Wáng Lín gěi Línnà yì běn cídiǎn、yì zhī ＿＿＿＿＿.

林娜还想跟王林借一下儿电＿＿＿＿＿，
Línnà hái xiǎng gēn Wáng Lín jiè yíxiàr diàn＿＿＿＿＿,

可是王林的电脑在家＿＿＿＿＿。
kěshì Wáng Lín de diànnǎo zài jiā ＿＿＿＿＿.

중국의 4대 명저

　　중국 문학의 흐름을 개괄하여 당시(唐詩), 송사(宋詞), 원곡(元曲), 명청소설(明淸小說)이라고 하는데요, 명·청 시대에는 소설이 유행했습니다. 중국 명·청 시대에 쓰여진 장편 소설 중 대표적인 네 작품을 '4대 명저(四大名著 sì dà míngzhù)'라고 합니다. 4대 명저는 『삼국연의(三国演义 Sānguó Yǎnyì)』, 『서유기(西游记 Xīyóu Jì)』, 『수호전(水浒传 Shuǐhǔ Zhuàn)』, 『홍루몽(红楼梦 Hónglóumèng)』입니다.

　　『삼국연의』는 위(魏), 촉(蜀), 오(吳) 세 나라를 배경으로 이야기가 전개되며, 유비(刘备 Liú Bèi), 관우(关羽 Guān Yǔ), 장비(张飞 Zhāng Fēi), 조조(曹操 Cáo Cāo), 제갈량(诸葛亮 Zhūgě Liàng) 등 다양한 인물이 등장합니다. 유비가 제갈량을 세 번 찾아가 청한 삼고초려(三顧草廬), 손권과 유비가 연합하여 조조에게 대항한 적벽대전은 유명합니다. 『서유기』는 손오공과 삼장 법사 일행이 요괴를 무찌르고 경전을 가지고 돌아오는 이야기입니다. 『수호전』는 108명의 협객이 양산박에서 봉기하여 조정과 관료의 부정부패를 비판한 이야기입니다. 『홍루몽』은 명문 가문을 배경으로 한 세 남녀 간의 사랑과 이별에 대한 이야기이자, 한 가문의 흥망성쇠를 다루고 있습니다. 중국의 4대 명저는 지금도 영화나 드라마의 소재로 활용될 정도로 중국인들에게 사랑을 받고 있습니다.

4대 명저

삼국연의 인물의 경극 가면

중국 드라마 三国

✪ 좀 더 알아보세요!

4대 명저의 저자에 대해 조사해 보세요.

11

那件衣服很便宜。

Nà jiàn yīfu hěn piányi.

그 옷은 아주 싸요.

\회화/

쇼핑하기 / 가격 묻기

\어법/

有자문 / 几와 多少 / 금액 읽기 / 형용사술어문

회화 01 주말 오후, 난징로 쇼핑 거리에서 　　🔘 *122*

马小红　你看，那儿有一个商店。
Nǐ kàn, nàr yǒu yí ge shāngdiàn.

林娜　在哪儿？
Zài nǎr?

马小红　在那儿。
Zài nàr.

林娜　那个商店怎么样？
Nàge shāngdiàn zěnmeyàng?

马小红　那个商店不错。
Nàge shāngdiàn búcuò.

商店里有很多[1]衣服，咱们去看一下儿吧。
Shāngdiàn li yǒu hěn duō yīfu, zánmen qù kàn yíxiàr ba.

林娜　好，去看一下儿。
Hǎo, qù kàn yíxiàr.

> **tip**
>
> **1 多와 少**
>
> 명사를 수식할 때 '多', '少'만 쓰지 않고, 부사와 함께 '很多' 혹은 '不少'로 표현한다.
>
> 商店里有很多衣服。　　상점 안에는 많은 옷이 있다.
> Shāngdiàn li yǒu hěn duō yīfu.
>
> 商店里有不少衣服。　　상점 안에는 적지 않은 옷이 있다.
> Shāngdiàn li yǒu bùshǎo yīfu.

马小红　你看，这些衣服怎么样？
Nǐ kàn, zhèxiē yīfu zěnmeyàng?

林娜　都很不错。这件多少钱？
Dōu hěn búcuò.　Zhè jiàn duōshao qián?

马小红　六百五十块。
Liùbǎi wǔshí kuài.

林娜　太贵了。
Tài guì le.

马小红　你看，那件衣服很便宜，只要一百三十块。
Nǐ kàn, nà jiàn yīfu hěn piányi, zhǐ yào yìbǎi sānshí kuài.

林娜　对，非常[2]便宜，可是不太漂亮。
Duì, fēicháng piányi, kěshì bú tài piàoliang.

---

tip

2　**정도부사**

非常好	>	很好	>	比较好	>	不太好	>	不好	>	很不好
fēicháng hǎo		hěn hǎo		bǐjiào hǎo		bú tài hǎo		bù hǎo		hěn bù hǎo
굉장히 좋다		매우 좋다		비교적 좋다		그다지 좋지 않다		좋지 않다		매우 좋지 않다

营业员[3] 你们要买衣服吗? 这儿有很多衣服。
Nǐmen yào mǎi yīfu ma? Zhèr yǒu hěn duō yīfu.

林娜 对。这儿有不少衣服，有的衣服很便宜，
Duì. Zhèr yǒu bùshǎo yīfu, yǒude yīfu hěn piányi,

可是不漂亮；有的衣服比较漂亮，可是太贵了。
kěshì bú piàoliang; yǒude yīfu bǐjiào piàoliang, kěshì tài guì le.

营业员 这儿还有一些衣服。你看，这件怎么样?
Zhèr hái yǒu yìxiē yīfu. Nǐ kàn, zhè jiàn zěnmeyàng?

林娜 还可以。多少钱?
Hái kěyǐ. Duōshao qián?

营业员 二百二十块。
Èrbǎi èrshí kuài.

马小红 (린나에게) 这件比较漂亮，也比较便宜。你买这件吧。
Zhè jiàn bǐjiào piàoliang, yě bǐjiào piányi. Nǐ mǎi zhè jiàn ba.

林娜 好，我买这件。
Hǎo, wǒ mǎi zhè jiàn.

---

tip

3 **营业员**

'营业员(yíngyèyuán)'은 점원이나 판매원 등을
총칭하는 단어이다.

□□ 商店 shāngdiàn 명 상점

□□ 衣服 yīfu 명 옷

□□ 件 jiàn 양 벌[옷을 세는 단위]

□□ 这儿 zhèr 대 여기, 이곳

□□ 那儿 nàr 대 거기, 저기, 그곳

□□ 有 yǒu 동 있다[존재를 나타냄]

□□ 很 hěn 부 매우, 아주

□□ 多 duō 형 많다

□□ 少 shǎo 형 적다

□□ 怎么样 zěnmeyàng 대 어떻다, 어떠하다

□□ 还可以 hái kěyǐ 그럭저럭 괜찮다

□□ 不错 búcuò 형 좋다, 괜찮다

□□ 漂亮 piàoliang 형 예쁘다

□□ 贵 guì 형 비싸다

□□ 便宜 piányi 형 싸다

□□ 不太 bú tài 그다지 ~하지 않다

□□ 比较 bǐjiào 부 비교적, 꽤

□□ 非常 fēicháng 부 대단히, 매우

□□ 钱 qián 명 돈

□□ 块 kuài 양 위안[구어 표현(=元)]

□□ 元 yuán 양 위안

□□ 毛 máo 양 마오[元의 1/10, 구어 표현(=角)]

□□ 角 jiǎo 양 자오

□□ 分 fēn 양 편[角의 1/10]

□□ 要 yào 동 필요로 하다, 들다

□□ 只 zhǐ 부 단지, 겨우

□□ 有的 yǒude 어떤 것

□□ 些 xiē 양 조금, 약간

□□ 一些 yìxiē 조금, 약간

□□ 这些 zhèxiē 이것들

□□ 那些 nàxiē 그것들, 저것들

□□ 吧 ba 조 문장 끝에 쓰여 요구, 명령이나 제의를 나타냄

一百元 100위안
yìbǎi yuán

五十元 50위안
wǔshí yuán

二十元 20위안
èrshí yuán

十元 10위안
shí yuán

1 有자문

'有'는 소유와 존재를 나타낼 수 있으며, '~이 있다'라는 존재의 의미를 나타낼 때
형식은 다음과 같다.

장소 + **有** + 사물/사람

这儿**有**两本词典。
Zhèr yǒu liǎng běn cídiǎn.

那儿**有**不少留学生。
Nàr yǒu bùshǎo liúxuéshēng.

房间里**有**一个人。
Fángjiān li yǒu yí ge rén.

商店里**有**很多衣服。
Shāngdiàn li yǒu hěn duō yīfu.

✔ 확인 체크   다음 문장을 바르게 고치세요.

❶ 很多衣服有这儿。 → ___________________________

❷ 不少留学生中国有。 → ___________________________

2 几와 多少

'几'는 10보다 작은 수를 물을 때 쓰며, '多少'는 수의 크기에 상관없이 쓴다. '几'와
명사 사이에는 반드시 양사가 있어야 하지만, '多少'는 그렇지 않다.

A 房间里有**几**个人？
Fángjiān li yǒu jǐ ge rén?

B 有**五**个。
Yǒu wǔ ge.

A 这支笔**几**块钱？
Zhè zhī bǐ jǐ kuài qián?

B **三**块。
Sān kuài.

A 房间里有**多少**人？
Fángjiān li yǒu duōshao rén?

B 有**三十**个。
Yǒu sānshí ge.

A 这件衣服**多少**钱？
Zhè jiàn yīfu duōshao qián?

B **八百**块。
Bābǎi kuài.

✔ 확인 체크   '几' 또는 '多少'를 넣어 문장을 완성하세요.

❶ 你们要________自行车？

❷ 你家有________口人？

*口 kǒu 양 식구

3 금액 읽기

중국의 화폐는 인민폐(人民币 rénmínbì)이다. 화폐 단위는 '元', '角', '分'인데, 구어에서는 '块', '毛', '分'을 쓴다.

표기법	읽는 법	
0.05元	五分 wǔ fēn	
0.55元	五毛五(分) wǔ máo wǔ (fēn)	五角五(分) wǔ jiǎo wǔ (fēn)
2.05元	两块零五分 liǎng kuài líng wǔ fēn	两元零五分 liǎng yuán líng wǔ fēn
2.50元	两块五(毛) liǎng kuài wǔ (máo)	两元五(毛) liǎng yuán wǔ (máo)
20.00元	二十块 èrshí kuài	二十元 èrshí yuán
650.00元	六百五十块 liùbǎi wǔshí kuài	六百五十元 liùbǎi wǔshí yuán

✓ 확인 체크 다음 금액을 읽어 보세요.

❶ 10.4元 ❷ 8.08元 ❸ 200.02元 ❹ 0.05元

❺ 0.50元 ❻ 66.66元 ❼ 500元 ❽ 20.22元

4 형용사술어문

중국어에서 형용사는 동사와 마찬가지로 술어가 될 수 있는데, 형용사 앞에 '是'를 쓸 필요가 없다. 형용사 술어 앞에는 '很', '不', '不太', '非常' 등과 같은 수식 성분이 온다.

这件衣服不太便宜。
Zhè jiàn yīfu bú tài piányi.

这件衣服很便宜。
Zhè jiàn yīfu hěn piányi.

✓ 확인 체크 제시된 단어가 들어갈 알맞은 위치를 고르세요.

❶ A 这件衣服 B 也 C 漂亮。 [比较] ❷ A 这些衣服 B 都 C 不错。 [很]

1 녹음을 듣고 큰 소리로 따라 읽어 보세요.  126

shǒubiǎo	shǔbiāo	
yǔyán	yǐnliào	ěrduo
huār	wánr	

2 녹음을 듣고 빈칸에 알맞은 발음을 쓰세요. 127

❶ _____ én _____ e ❷ _____ ěn _____ e

❸ _____ ī _____ ao ❹ _____ ú _____ uò

❺ _____ āng _____ iàn ❻ _____ ēi _____ áng

❼ _____ ì _____ iē ❽ _____ ǐ _____ iào

3 병음을 보고 중국어로 쓴 후, 정확하게 읽어 보세요.

❶ Zhè jiàn yīfu duōshao qián?

→ ____

❷ Nàr de dōngxi hěn piányi.

→ ____

❸ Tā fēicháng piàoliang.

→ ____

❹ Tài guì le! Wǒ bú yào.

→ ____

★ 기본 문형을 익힌 후, 다양한 단어로 교체 연습을 해보세요.

1 🎧 128

A 商店里有电脑吗？
Shāngdiàn li yǒu diànnǎo ma?

B 有。商店里有两台电脑。
Yǒu. Shāngdiàn li yǒu liǎng tái diànnǎo.

↻ 房间里 fángjiān li 방 안
他家里 tā jiā li 그의 집 안

2 🎧 129

A 那儿怎么样？
Nàr zěnmeyàng?

B 那儿很漂亮。
Nàr hěn piàoliang.

↻ 他的宿舍 tā de sùshè 그의 기숙사
他的朋友 tā de péngyou 그의 친구
这辆自行车 zhè liàng zìxíngchē 이 자전거

3 🎧 130

A 这件衣服多少钱？
Zhè jiàn yīfu duōshao qián?

↻ 这辆自行车 zhè liàng zìxíngchē 이 자전거
这些书 zhèxiē shū 이 책들
这张地图 zhè zhāng dìtú 이 지도

B 588块。
Wǔbǎi bāshíbā kuài.

↻ 360块 sānbǎi liùshí kuài 360위안
79块8毛 qīshíjiǔ kuài bā máo 79.8위안
3块5毛 sān kuài wǔ máo 3.5위안

1 녹음을 듣고 가격을 쓰세요.　　131

❶ 自行车 → ＿＿＿＿＿＿＿＿＿　　❷ 衣服 → ＿＿＿＿＿＿＿＿＿

❸ 地图 → ＿＿＿＿＿＿＿＿＿　　❹ 词典 → ＿＿＿＿＿＿＿＿＿

❺ 书 → ＿＿＿＿＿＿＿＿＿　　❻ 笔 → ＿＿＿＿＿＿＿＿＿

2 '几' 또는 '多少'를 사용하여 의문문을 만드세요.

❶ 我有三个中国朋友。　　→ ＿＿＿＿＿＿＿＿＿＿＿＿＿＿

❷ 那儿有五十辆自行车。　　→ ＿＿＿＿＿＿＿＿＿＿＿＿＿＿

❸ 这本书十四块四毛。　　→ ＿＿＿＿＿＿＿＿＿＿＿＿＿＿

❹ 田中住留学生宿舍3号楼315号房间。　→ ＿＿＿＿＿＿＿＿＿＿＿＿

3 다음 물건의 가격을 말해 보세요.

❶ 

一件大衣＿＿＿＿。

❷ 

十斤西瓜＿＿＿＿。

❸ 

两瓶可口可乐＿＿＿＿。

❹ 

一块手表＿＿＿＿。

❺ 

一双鞋＿＿＿＿。

✢大衣 dàyī 명 외투 | 斤 jīn 양 근 | 西瓜 xīguā 명 수박 | 瓶 píng 양 병 | 可口可乐 kěkǒu kělè 명 코카콜라 | 块 kuài 양 덩어리 또는 조각 모양의 물건을 세는 단위 | 双 shuāng 양 짝, 켤레, 쌍 | 手表 shǒubiǎo 명 손목시계 | 鞋 xié 명 신발

4 그림을 보고 대화를 완성하세요.

A 这件衣服怎么样？

B ＿＿＿＿＿＿＿＿＿＿＿＿ 。(不太)

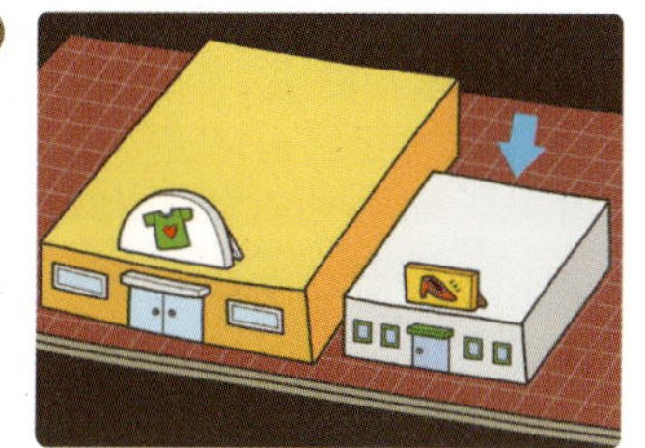

A 这个商店怎么样？

B ＿＿＿＿＿＿＿＿＿＿＿＿ 。(不)

*大 dà 혱 크다

A 他女朋友怎么样？

B ＿＿＿＿＿＿＿＿＿＿＿＿ 。(非常)

A 这本词典多少钱？

B ＿＿＿＿＿＿＿＿＿＿＿＿ 。

5 빈칸에 들어갈 알맞은 단어를 보기 에서 찾아 쓴 후, 큰 소리로 읽어 보세요.

> 보기 ｜ 件　便　服　是　漂　较　以

这个商店很不错。　商店里衣＿＿＿＿很多。
Zhège shāngdiàn hěn búcuò. Shāngdiàn li yī＿＿＿＿ hěn duō.

有的衣服很＿＿＿＿宜，但是不太＿＿＿＿亮；有的衣服很漂亮，
Yǒude yīfu hěn ＿＿＿＿yi,　dànshì bú tài ＿＿＿＿liang; yǒude yīfu hěn piàoliang,

可＿＿＿＿太贵。你看，这件衣服还可＿＿＿＿，二百二十块，
kě＿＿＿＿ tài guì.　Nǐ kàn, zhè jiàn yīfu hái kě＿＿＿＿, èrbǎi èrshí kuài,

比＿＿＿＿便宜，也很漂亮，我要买这＿＿＿＿。
bǐ＿＿＿＿ piányi,　yě hěn piàoliang, wǒ yào mǎi zhè ＿＿＿＿.

중국의 화폐

중국의 화폐는 인민폐(人民币 rénmínbì)이고, 화폐 기호는 '￥'입니다. 중국의 화폐 단위에는 元(yuán), 角(jiǎo), 分(fēn)이 있는데요, 이것은 주로 글을 쓸 때 사용하고, 일상생활에서는 块(kuài), 毛(máo), 分을 사용합니다. 1毛는 1元의 1/10, 1分은 1元의 1/100과 같은데요, 다시 말해 1元은 10毛, 100分과 동일한 금액입니다. 실제로 分은 잘 사용하지 않습니다.

시대가 변화하면서 중국에서 사용하는 화폐도 바뀌었습니다. 현재 사용하고 있는 중국의 화폐는 1999년 중국인민공화국 건국 50주년을 기념해 발행한 것입니다. 중국 화폐는 동전과 지폐로 나누어 볼 수 있는데, 동전은 1毛, 5毛, 1元이 있고, 지폐는 1元, 5元, 10元, 20元, 50元, 100元이 있습니다. 가장 큰 단위의 화폐는 100元입니다.

1元, 5元, 10元, 20元, 50元, 100元 지폐 앞면에는 모두 중국의 초대 주석인 마오쩌둥(毛泽东 Máo Zédōng)의 얼굴이 그려져 있습니다. 100元 뒷면에는 베이징의 인민대회당이 그려져 있고, 다른 지폐 뒷면에는 중국의 유명한 명승지가 그려져 있습니다.

중국의 화폐 인민폐

중국의 동전

톈안먼의 마오쩌둥 초상화

✪ 좀 더 알아보세요!

중국 지폐 뒷면에 그려진 명승지에 대해 조사해 보세요.

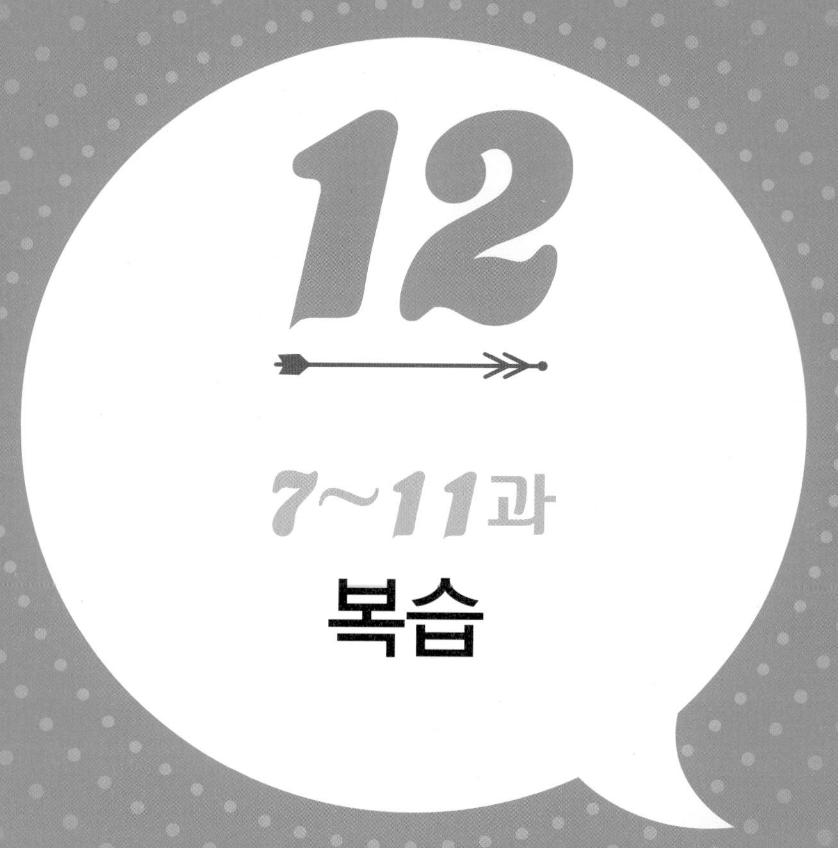
12
7~11과
복습

단어

1 인칭대사

- ☐☐ 我 wǒ 나
- ☐☐ 你 nǐ 너, 당신
- ☐☐ 您 nín 당신
- ☐☐ 他 tā 그
- ☐☐ 她 tā 그녀
- ☐☐ 我们 wǒmen 우리
- ☐☐ 咱们 zánmen 우리(들)[我们+你们]
- ☐☐ 你们 nǐmen 당신들, 너희들
- ☐☐ 他们 tāmen 그들
- ☐☐ 她们 tāmen 그녀들

2 지시대사

- ☐☐ 这 zhè 이, 이것
- ☐☐ 这儿 zhèr 여기, 이곳
- ☐☐ 这些 zhèxiē 이것들
- ☐☐ 那 nà 저, 저것
- ☐☐ 那儿 nàr 거기, 저기, 그곳
- ☐☐ 那些 nàxiē 그것들, 저것들

3 의문대사

- ☐☐ 什么 shénme 무엇, 무슨, 어떤
- ☐☐ 谁 shéi/shuí 누구
- ☐☐ 哪 nǎ 어느, 어디
- ☐☐ 哪儿 nǎr 어디, 어느 곳
- ☐☐ 怎么样 zěnmeyàng 어떻다, 어떠하다
- ☐☐ 几 jǐ 몇
- ☐☐ 多少 duōshao 얼마, 몇

4 시간명사

- ☐☐ 今天 jīntiān 오늘
- ☐☐ 明天 míngtiān 내일
- ☐☐ 上午 shàngwǔ 오전
- ☐☐ 下午 xiàwǔ 오후

5 사람&장소

- ☐☐ 学生 xuésheng 학생
- ☐☐ 留学生 liúxuéshēng 유학생
- ☐☐ 大学生 dàxuéshēng 대학생
- ☐☐ 朋友 péngyou 친구
- ☐☐ 老师 lǎoshī 선생님
- ☐☐ 宿舍 sùshè 기숙사
- ☐☐ 房间 fángjiān 방
- ☐☐ 家 jiā 집
- ☐☐ 商店 shāngdiàn 상점

6 사물

- [ ] [ ] 书 shū 책
- [ ] [ ] 词典 cídiǎn 사전
- [ ] [ ] 电话 diànhuà 전화
- [ ] [ ] 电脑 diànnǎo 컴퓨터
- [ ] [ ] 笔 bǐ 펜, 필기구
- [ ] [ ] 地图 dìtú 지도
- [ ] [ ] 衣服 yīfu 옷
- [ ] [ ] 自行车 zìxíngchē 자전거

7 국가&언어

- [ ] [ ] 韩国 Hánguó 한국
- [ ] [ ] 英国 Yīngguó 영국
- [ ] [ ] 韩语 Hányǔ 한국어
- [ ] [ ] 英语 Yīngyǔ 영어
- [ ] [ ] 中国 Zhōngguó 중국
- [ ] [ ] 美国 Měiguó 미국
- [ ] [ ] 汉语 Hànyǔ 중국어
- [ ] [ ] 法语 Fǎyǔ 프랑스어
- [ ] [ ] 日本 Rìběn 일본
- [ ] [ ] 法国 Fǎguó 프랑스
- [ ] [ ] 日语 Rìyǔ 일본어

8 양사

- [ ] [ ] 本 běn 권[책을 세는 단위]
- [ ] [ ] 辆 liàng 대[차량을 세는 단위]
- [ ] [ ] 个 gè 개, 명[사람이나 사물을 세는 단위]
- [ ] [ ] 件 jiàn 벌[옷을 세는 단위]
- [ ] [ ] 张 zhāng 장, 개[종이·책상·침대 등 넓은 표면을 가진 것을 세는 단위]
- [ ] [ ] 些 xiē 조금, 약간
- [ ] [ ] 台 tái 대[기계나 설비 등을 세는 단위]
- [ ] [ ] 支 zhī 자루[막대 모양의 물건을 세는 단위]

9 동사

- [ ] [ ] 是 shì ~이다
- [ ] [ ] 姓 xìng 성이 ~이다
- [ ] [ ] 学习 xuéxí 학습하다, 공부하다
- [ ] [ ] 住 zhù 살다, 거주하다
- [ ] [ ] 叫 jiào ~라고 부르다, ~라고 하다
- [ ] [ ] 没有 méiyǒu 없다
- [ ] [ ] 要 yào ~하려고 하다; 원하다, 필요하다
- [ ] [ ] 去 qù 가다
- [ ] [ ] 打 dǎ 치다, 때리다, (전화를) 걸다
- [ ] [ ] 干 gàn 하다
- [ ] [ ] 在 zài ~에 있다
- [ ] [ ] 想 xiǎng ~하고 싶다; 생각하다
- [ ] [ ] 有 yǒu (가지고) 있다; 있다[존재를 나타냄]
- [ ] [ ] 买 mǎi 사다
- [ ] [ ] 用 yòng 사용하다
- [ ] [ ] 看 kàn 보다
- [ ] [ ] 借 jiè 빌리다
- [ ] [ ] 给 gěi 주다

10 형용사

- [ ] [ ] 多 duō 많다
- [ ] [ ] 少 shǎo 적다
- [ ] [ ] 漂亮 piàoliang 예쁘다
- [ ] [ ] 不错 búcuò 좋다, 괜찮다
- [ ] [ ] 贵 guì 비싸다
- [ ] [ ] 便宜 piányi 싸다

1	성씨 묻기

A	您贵姓?	Nín guìxìng?
B	我姓王。	Wǒ xìng Wáng.

2	이름 묻기

A	你叫什么名字?	Nǐ jiào shénme míngzi?
B	我叫林娜。	Wǒ jiào Línnà.

3	거주지 묻기

A	你住哪儿?	Nǐ zhù nǎr?
B1	我住留学生宿舍。	Wǒ zhù liúxuéshēng sùshè.
B2	我住北京路328号。	Wǒ zhù Běijīng Lù sānbǎi èrshíbā hào.

4	목적지 대답하기

A	去哪儿?	Qù nǎr?
B	去南京路。	Qù Nánjīng Lù.

5	전화번호 묻기

A	你的电话号码是多少?	Nǐ de diànhuà hàomǎ shì duōshao?
B	我的电话号码是65987432。	Wǒ de diànhuà hàomǎ shì liù wǔ jiǔ bā qī sì sān èr.

6	계획 묻기

A	明天没有课，你干什么?	Míngtiān méiyǒu kè, nǐ gàn shénme?
B	我要去买东西。	Wǒ yào qù mǎi dōngxi.

7	제안하기		
A	咱们一起去，好吗？	Zánmen yìqǐ qù, hǎo ma?
B	好，一起去。	Hǎo, yìqǐ qù.

8	의견 묻기		
A	你看，这件怎么样？	Nǐ kàn, zhè jiàn zěnmeyàng?
B	还可以。	Hái kěyǐ.

9	가격 묻기		
A	多少钱？	Duōshao qián?
B	二百二十块。	Èrbǎi èrshí kuài.

10	물건 찾아주기		
A	这本书是您的吗？	Zhè běn shū shì nín de ma?
B	对，是我的。	Duì, shì wǒ de.

11	물건 빌리기 Ⅰ		
A	我想用一下儿你的词典，可以吗？	Wǒ xiǎng yòng yíxiàr nǐ de cídiǎn, kěyǐ ma?
B	当然可以。	Dāngrán kěyǐ.

12	물건 빌리기 Ⅱ		
A	我可以借一下儿你的电脑吗？	Wǒ kěyǐ jiè yíxiàr nǐ de diànnǎo ma?
B	对不起，我的电脑在家里。	Duìbuqǐ, wǒ de diànnǎo zài jiā li.

1 빈칸에 알맞은 중국어, 병음, 뜻을 쓰세요.

중국어	병음	뜻
我	❶	나
哪儿	nǎr	❷
❸	jīntiān	오늘
家	❹	집
汉语	❺	중국어
本	běn	❻
❼	shì	~이다
有	yǒu	❽
电脑	❾	컴퓨터
❿	piányi	싸다

2 알맞은 것끼리 연결하세요.

❶  · · 学习 · · duō

❷  · · 朋友 · · xuéxí

❸  · · 多 · · péngyou

❹  · · 买 · · mǎi

3 자신의 상황에서 자유롭게 말해 보세요.

❶ 

Q 你叫什么名字?

A ________________________。

참고 베이징 **北京** Běijīng ｜ 상하이 **上海** Shànghǎi ｜ 서울 **首尔** Shǒu'ěr ｜ 부산 **釜山** Fǔshān

❷ 

Q 你住哪儿?

A ________________________。

❸ 

Q 你的电话号码是多少?

A ________________________。

참고 영화를 보다 **看电影** kàn diànyǐng ｜ 여행하다 **旅游** lǚyóu ｜ 옷을 사다 **买衣服** mǎi yīfu ｜ 농구를 하다 **打篮球** dǎ lánqiú

❹ 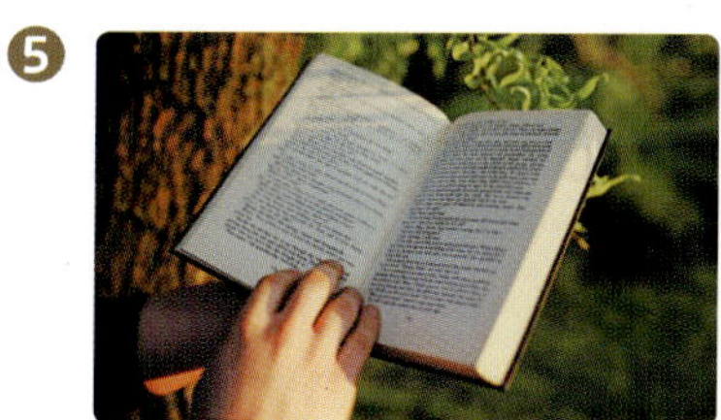

Q 明天没有课，你干什么?

A ________________________。

❺ 

Q 这是你的书吗?

A ________________________。

참고 비싸다 **贵** guì ｜ 싸다 **便宜** piányi ｜ 예쁘다 **漂亮** piàoliang ｜ 크다 **大** dà ｜ 작다 **小** xiǎo

❻

Q 你看，这些衣服怎么样?

A ________________________。

★ 〈보기〉에 제시된 단어를 빈칸에 쓴 후, 빙고 게임을 해보세요.

보기

·我们 wǒmen	·谁 shéi / shuí	·多少 duōshao	·钱 qián
·东西 dōngxi	·学生 xuésheng	·老师 lǎoshī	·书 shū
·自行车 zìxíngchē	·住 zhù	·去 qù	·借 jiè
·漂亮 piàoliang	·贵 guì	·不错 búcuò	·名字 míngzi
·可以 kěyǐ	·谢谢 xièxie	·知道 zhīdao	·一起 yìqǐ
·对 duì	·明天 míngtiān	·没有 méiyǒu	·当然 dāngrán
·好 hǎo			

부록

- 정답 및 해석
- 찾아보기
- 단어장

1 Nǐ hǎo!
안녕하세요!

듣고 말하는 회화

회화 01

A 안녕하세요!

B 안녕하세요!

회화 02

A 당신은 어느 나라 사람이에요?

B 저는 한국 사람이에요.

회화 03

A 당신은 성이 어떻게 되세요?

B 저는 이씨입니다.

실력 향상을 위한 연습 문제

1 ❶ A ❷ A ❸ D

 ❹ A ❺ B

3 ❶ B ❷ C ❸ A

2 Wǒ xuéxí Hànyǔ.
나는 중국어를 배워요.

정확하게 따라 읽는 발음 연습

1 ❶ pà ❷ bù ❸ pō ❹ dǎ

 ❺ tí ❻ tǔ

2 ❶ yú ❷ wǔ ❸ lǜ ❹ fú

 ❺ mō ❻ tì

듣고 말하는 회화

회화 01

A 당신은 무엇을 배워요?

B 저는 중국어를 배워요.

회화 02

A 당신은 어디에 살아요?

B 저는 기숙사에 살아요. 당신은요?

A 저도 기숙사에 살아요.

실력 향상을 위한 연습 문제

1 ❶ pá ❷ fù ❸ tù ❹ mǐ

 ❺ lǚ ❻ lè ❼ tǔdì ❽ dáyí

 ❾ yīfù ❿ bófā

2 ❶ dútè nàlǐ fǔmō pùbù

 ❷ núlì lǜdì dàbó tèdì

 ❸ málà pòlì lìfǎ bīpò

 ❹ yúfū wǔlì dàyī défǎ

3 ❶ B ❷ A

8 Nǐmen yào shénme?
무엇을 원하세요?

정확하게 따라 읽는 **발음** 연습

1 ❶ gāokǎo ❷ gǎnkǎo
  ❸ fúhào ❹ hénghé
  ❺ gānghǎo ❻ gǎiháng

2 ❶ běihǎi ❷ kāikěn
  ❸ hǎi'àn ❹ fāng'àn
  ❺ héngwēn ❻ kàngfèn
  ❼ péngyou ❽ gōngháng
  ❾ kǒuhào

듣고 말하는 **회화**

[회화] 01

A 무엇을 원하세요?
B 쇠고기요.
C 채소요.
A 또 무엇을 원하세요?
B&C 필요 없어요.

[회화] 02

A 말씀 좀 묻겠습니다만, 근처에 은행이 있나요?
B 네. 근처에 은행이 하나 있어요.

실력 향상을 위한 **연습 문제**

1 ❶ tāmen ❷ dōngfāng
  ❸ wàiháng ❹ kèkǔ
  ❺ tóngháng ❻ fěnhóng
  ❼ lànmàn ❽ běnfèn
  ❾ gòngtóng ❿ Wàitān

2 ❶ gǔdài kě'ài hébì kàndào
  ❷ bēnpǎo hánlěng dōngfāng
    gānbēi
  ❸ yìbān dāngdì kǎohé bàba
  ❹ fùdān pāokāi děnghòu
    téngtòng

3 ❶ A ❷ C ❸ B

4 Duōshao qián?
얼마예요?

정확하게 따라 읽는 발음 연습

1 ❶ jīqì ❷ jīdàn ❸ qiánjìn
❹ qǐngqiú ❺ jiētī ❻ jiǎnglì

2 ❶ qiànquē ❷ jiànmiàn
❸ ānquán ❹ yuánquán
❺ yóujú ❻ qǐngqiú
❼ yáotóu ❽ jiějué

듣고 말하는 회화

회화 **01**
A 이것은 뭐라고 불러요?
B 사과요.
A 이 사과는 어때요?
B 아주 달아요.

회화 **02**
A 얼마예요?
B 7.5위안이요.
A 감사합니다. 안녕히 계세요.
B 안녕히 가세요.

실력 향상을 위한 연습 문제

1 ❶ lǚxíng ❷ xìjù ❸ qiǎoyù
❹ yǔjù ❺ xiūlǐ ❻ jūnxùn

2 ❶ jiānqiáng qíjì jiànkāng xuǎnjǔ
❷ jiějué piàoliang qīngnián jiāngjūn
❸ jiāotōng yínháng niúnǎi liúniàn
❹ yīngyǒng qīnqiè juānxiàn
xiāoxi jūmín xuéyuàn

3 ❶ C ❷ B ❸ A

5 Jīntiān xīngqī jǐ?
오늘은 무슨 요일이에요?

정확하게 따라 읽는 발음 연습

1 ❶ jiǎozi ❷ jiǔxí ❸ bǐjì
❹ tǐcāo ❺ sǐwáng ❻ tānguān
❼ sāngyè ❽ bù xiǎo ❾ zázhì
❿ dàlù

2 ❶ dà guó ❷ zǔguó ❸ cuòluò
❹ zūnxún ❺ cēncī ❻ sēnyán
❼ rè ❽ zhì ❾ chū
❿ shé

듣고 말하는 회화

회화 **01**
A 오늘은 무슨 요일이에요?
B 오늘은 월요일이에요.

회화 **02**
A 오늘은 며칠이에요?
B 오늘은 12월 25일이에요.

회화 **03**
A 무엇을 배워요?
B 중국어를 배워요.
A 중국어는 어려워요 안 어려워요?
B 비교적 어려워요. 하지만 아주 재미있어요.

실력 향상을 위한 연습 문제

1 ❶ zúqiú ❷ zuānyán
❸ jiàzhuang ❹ cānjūn
❺ shuǐpíng ❻ chuántǒng
❼ kuānchǎng ❽ ěrduo

2
❶ xùnsù chízǎo shēngri chéngshì
❷ huāduǒ kuānguǎng rèqì biǎoshuài
❸ duìdài tuánjié rúguǒ shàngwǔ
❹ sīxiǎng wēifēng zhǔchí shīgē

3 ❶ B   ❷ A   ❸ C

---

6   1–5과 **복습**

1
❶ bēnpǎo
❷ dàitóu
❸ tàidù
❹ gǎnkǎi
❺ zhǔnzé
❻ cǎochuàng
❼ chúncuì
❽ sǔnshī
❾ shōusuō
❿ jiǎngzhāng
⑪ zhījǐ
⑫ qùchù
⑬ chūqì
⑭ xiǎngshòu
⑮ sīxiǎng
⑯ fāhuī

2
❶ bùjú
❷ xīqí
❸ hēibǎn
❹ huāduǒ
❺ yāoqiú
❻ jiéyuē
❼ quèqiè
❽ shàngshān
❾ duānzhuāng
❿ jiānqiáng
⑪ kūnchóng
⑫ jiànquán

3
❶ chuānglián
❷ cāochǎng
❸ fāngxiàng
❹ guójiā
❺ rénmín
❻ máobǐ
❼ xuéxiào
❽ diàndēng
❾ bàozhǐ
❿ shùlín
⑪ xìjù
⑫ dǎban

4
❶ yǔyán
❷ yàoshi

❸ yǒuyòng
❹ hǎiyáng
❺ yīnyuán
❻ duōyún
❼ Ōuzhōu
❽ wǔdǎo
❾ wàiguó
❿ wánquán

5 참고 답안
❶ Nǐ hǎo!
❷ Wǒ shì Hánguó rén.
❸ Wǒ xìng Lǐ.
❹ Wǒ xuéxí Hànyǔ.
❺ Wǒ yào mǐfàn.
❻ Jīntiān xīngqīliù.

퍼즐 답안

		¹z								²y	
³h	a	o		⁴x	i	e	x	i	e		
		i							n		
		j				⁶w			h		
⁵p	i	n	g	g	u	o			a		
								⁷n	i	⁸n	
		⁹n	i						g	a	
					¹⁰w		¹¹z			n	
	¹³y			¹²s	u	s	h	e			
¹⁴j	i						u				

7 您贵姓?
당신은 성이 어떻게 되나요?

듣고 말하는 회화

회화 01

린나	선생님, 성이 어떻게 되세요?
왕 선생님	나는 왕씨예요.
린나	왕 선생님, 안녕하세요!
왕 선생님	안녕하세요! 이름이 뭐예요?
린나	저는 린나라고 해요.
왕 선생님	당신은 어느 나라 사람이에요?
린나	저는 프랑스인이에요.

회화 02

린나	안녕!
마샤오훙	안녕!
린나	너는 이름이 뭐니?
마샤오훙	나는 마샤오훙이라고 해. 너희들은?
린나	나는 린나라고 해, 그는 데이비드고.
마샤오훙	너희들은 모두 영국인이니?
린나	아니, 나는 프랑스인이고, 그는 영국인이야.

회화 03

마샤오훙	너희들은 뭘 배우니?
린나	나는 중국어를 배워.
데이비드	나도 중국어를 배워.
마샤오훙	너희들은 모두 중국어를 배우는구나.
데이비드	너는 뭘 배우니?
마샤오훙	나는 영어를 배우고, 프랑스어도 배워.

쉽게 이해하는 어법

1 나는 프랑스인이다.
나는 중국어를 공부한다.
나는 왕씨다.

✓ 확인 체크

❶ 我学习英语。

❷ 他是中国人。

2 A 당신은 뭘 배워요?
B 저는 중국어를 배워요.

A 당신은 어느 나라 사람이에요?
B 저는 영국인이에요.

✓ 확인 체크

❶ 大卫是哪国人?

❷ 她叫什么名字?

3 A 당신은 한국인이에요?
B1 맞아요, 저는 한국인이에요.
B2 아니요, 저는 한국인이 아니에요.

✓ 확인 체크

他学习英语吗?

4 그는 중국어를 배운다.
그는 중국어를 배우지 않는다.

그도 중국어를 배운다.
그도 중국어를 배우지 않는다.

그들은 모두 중국어를 배운다.
그들은 모두 중국어를 배우지 않는다.

✓ 확인 체크

❶ B   ❷ B

정확하게 따라 읽는 발음 연습

2 ❶ bù hēi ❷ bú rè ❸ bù máng
  ❹ bù kěyǐ ❺ bù xíng ❻ bú shì
  ❼ bú mài ❽ bù duō ❾ bú kàn

3 ❶ 他(她)叫什么名字?
  ❷ 我们老师不姓王。
  ❸ 他们(她们)都不是中国人。
  ❹ 你们都学习汉语吗?

문장의 틀을 완성하는 문형 연습

1 A 당신은 무엇을 배워요?
  B 저는 중국어를 배워요.
  A 그는요?
  B 그도 중국어를 배워요. 우리는 모두 중국어를
    배워요.

2 A 당신은 중국인이에요?
  B 맞아요, 저는 중국인이에요.
  A 그녀는요?
  B 그녀는 중국인이 아니에요.

실력 향상을 위한 연습 문제

1 ❶ B ❷ B ❸ B ❹ B

2 ❶ 我们都学习汉语。
  ❷ 他们都不是英国人。
  ❸ 马小红是法国人吗?

3 참고 답안

	姓名	国籍
A	李大中	韩国
B	马小红	中国
C	林娜	法国
D	大卫	英国

4 ❶ 他是英国人。
  ❷ 他叫大卫。
  ❸ 她学习汉语。
  ❹ 她不学习法语,她学习英语。

5 是 shì \ 叫 jiào \ 也 yě \ 都 dōu

> 나는 프랑스인이고, 린나라고 해.
> 나는 중국어를 배워.
> 그는 영국인이고, 데이비드라고 해.
> 그도 중국어를 배워. 우리는 모두 중국어
> 를 배워.

8 你住哪儿?
당신은 어디에 사나요?

듣고 말하는 회화

회화 01

기사	어디로 가십니까?
데이비드	난징로요.
기사	뭐라고요?
데이비드	난징로요.
기사	난징로입니까?
데이비드	맞아요.
기사	알겠습니다.

회화 02

데이비드	너는 어디 사니?
알렉산더	나는 유학생 기숙사에 살아.
데이비드	몇 동?
알렉산더	3동.
데이비드	몇 호 방?
알렉산더	205호 방. 너는?
데이비드	나는 베이징로 328호에 살아.

회화 03

알렉산더	내가 너에게 전화해도 될까?
데이비드	되지.
알렉산더	너의 전화번호는 몇 번이니?
데이비드	내 전화번호는 65987432야.
알렉산더	오늘 저녁에 너는 집에 있니?
데이비드	오늘 저녁에 나는 집에 없어.
알렉산더	내일 오전에는?
데이비드	역시 집에 없어. 나는 내일 오후에 집에 있어.

쉽게 이해하는 어법

1

☑ 확인 체크

❶ 十八 shíbā
❷ 二十三 èrshísān
❸ 四十五 sìshíwǔ
❹ 六十九 liùshíjiǔ
❺ 一百七十四 yìbǎi qīshísì
❻ 二百零六 èrbǎi líng liù
❼ 九百八十七 jiǔbǎi bāshíqī
❽ 三百五十 sānbǎi wǔshí
❾ 四百零二 sìbǎi líng èr
❿ 八百九十八 bābǎi jiǔshíbā

2

☑ 확인 체크

❶ 404(sì líng sì)房间
❷ 电话号码 010-6564279(líng yāo líng liù wǔ liù sì èr qī jiǔ)

3 오늘 저녁에 당신은 집에 있어요?
당신은 오늘 저녁에 집에 있어요?

☑ 확인 체크

❶ A　　❷ B

정확하게 따라 읽는 발음 연습

2 ❶ liúxuéshēng　❷ sùshè
❸ dǎ diànhuà　❹ hàomǎ
❺ duōshao　❻ kěyǐ
❼ míngtiān　❽ wǎnshang

3 ❶ 我住学生宿舍203房间。
❷ 我今天下午给你打电话。
❸ 明天晚上我不在家。

문장의 틀을 완성하는 **문형** 연습

1 A 당신은 어디에 살아요?
　 B 저는 유학생 기숙사에 살아요.

2 A 제가 오늘 저녁에 당신 집에 가도 될까요?
　 B 괜찮아요.

실력 향상을 위한 **연습 문제**

1 ❶ 134　❷ 666　❸ 258　❹ 903
　 ❺ 79260073　❻ 41042358
　 ❼ 13918956034　❽ 13691756891

2 ❶ 我晚上可以给你打电话吗？
　 ❷ 你可以住学生宿舍。
　 ❸ 你的电话号码是多少？
　 ❹ 我住北京路654号。

3 참고 답안

姓名	李大中	性别	男
国籍	韩国	电话号码	010-1234-5678
地址		首尔市江南区驿三洞	

✛ 首尔市江南区驿三洞 Shǒu'ěr Shì Jiāngnán Qū Yìsān Dòng
서울시 강남구 역삼동

4 ❶ 我住留学生宿舍。
　 ❷ 可以。/ 你可以给我打电话。
　 ❸ 不在家，明天上午我在家。
　 ❹ 你的电话号码是多少？

5 住 zhù \ 生 shēng \ 是 shì \ 天 tiān \ 在 zài \ 给 gěi

나는 미국 유학생이고, 중국에서 중국어를 배워.
나는 유학생 기숙사 205호 방에 살아.
내 전화번호는 62345789야.
오늘 저녁 나는 기숙사에 있으니, 너는 나에게 전화해도 돼.

9 我要买两本词典。
저는 사전 두 권을 사려고 해요.

■ 듣고 말하는 **회화**

회화 01

알렉산더	내일 수업이 없는데, 넌 뭘 하니?
데이비드	나는 물건을 사러 가려고 해. 너는?
알렉산더	나도 물건을 사러 가려고 하는데. 너는 무슨 물건을 사려고 하니?
데이비드	나는 사전 두 권을 사려고 해.
알렉산더	무슨 사전 두 권?
데이비드	중영사전 한 권, 영중사전 한 권.

회화 02

왕린	나는 내일 사전을 사러 가려고 하는데, 너는 가니?
이대중	나는 안 가, 사전이 있어. 하지만 나는 자전거가 없어서, 자전거 한 대를 사러 가려고 해.
왕린	나도 자전거가 없어서, 한 대 사러 가려고 해. 지도도 한 장 사려고 하고.
이대중	나도 지도 한 장을 사려고 해.
왕린	우리 함께 가자, 어때?
이대중	좋아, 함께 가자.

회화 03

다나카	너는 내일 물건을 사러 가니?
린나	그래. 나는 자전거 한 대를 사고, 지도도 한 장 사려고 해.
다나카	너 혼자 가니?
린나	아니, 나는 나의 중국 친구와 함께 가.
다나카	너의 중국 친구는 누구니?
린나	그녀는 마샤오훙이라고 하고, 대학생이야. 내일 나는 그녀와 함께 가.
다나카	내일 나도 물건을 사러 가려고 하는데.
린나	잘 됐다. 우리 함께 가자.

■ 쉽게 이해하는 **어법**

1 나는 영중사전이 없다.
나는 지도가 없다.

☑ 확인 체크

❶ 不　　　　❷ 没

2 친구 한 명 / 사전 한 권 / 자전거 한 대

☑ 확인 체크

❶ 张　　❷ 个　　❸ 本　　❹ 辆

3 친구 두 명 / 사전 두 권
자전거 두 대 / 두 사람
12명 / 20명 / 이백 명

☑ 확인 체크

❶ 我有两本中文词典。
❷ 我有十二个中国朋友。

■ 정확하게 따라 읽는 **발음** 연습

2 ❶ yì tiān　❷ yì céng　❸ yì zhāng
❹ yì bǐ　❺ yí wèi　❻ yì běn
❼ yígòng　❽ yì diǎn　❾ yídìng
❿ yì háng

3 ❶ 我明天要去买东西。
❷ 他(她)有两个中国朋友。
❸ 我没有词典，我要去买一本词典。

▥▥ 문장의 틀을 완성하는 **문형** 연습

1 A 당신은 자전거가 있어요?
  B 저는 자전거가 없어요.
2 A 당신은 중국 친구가 몇 명 있어요?
  B 저는 중국 친구가 두 명 있어요.
3 A 당신은 내일 뭘 해요?
  B 저는 내일 영중사전 한 권을 사러 가려고 해요.

▶ 실력 향상을 위한 **연습 문제**

1 ❶ 我不是法国人。
  ❷ 林娜不在315房间。
  ❸ 我没有一张中国地图。
  ❹ 同学们都没有汉英词典，我也没有汉英
    词典。

2 ❶ 她的家有两个房间。
  ❷ 明天他要去买中国地图。
  ❸ 马小红是林娜的中国朋友。

3 참고 답안

구매할 물품	수량
自行车	一辆
地图	两张
课本	三本
手机	一台
衣服	两件

✚台 tái 양 대[기계나 설비 등을 세는 단위]

4 ❶ 我明天要去买自行车。
  ❷ 我没有中国地图。
  ❸ 好，一起去。
  ❹ 明天我在家。

5 词 cí \ 地 dì \ 有 yǒu \ 朋 péng \ 西 xi

> 다나카는 내일 사전을 사러 가려고 하는
> 데, 지도도 한 장 사려고 한다.
> 린나는 자전거가 없어서, 내일 자전거 한
> 대를 사러 가려고 한다.
> 린나는 중국 친구가 한 명 있는데, 대학생
> 으로 마샤오훙이라고 한다.
> 내일 그녀들은 마샤오훙과 함께 물건을
> 사러 간다.

10 这本词典是谁的?
이 사전은 누구의 것이에요?

■ 듣고 말하는 회화

[회화] 01

데이비드　다나카, 이것은 너의 책이니?

다나카　아니.

데이비드　왕린, 이것은 너의 책이니?

왕린　아니.

데이비드　이것은 누구의 책이지?

다나카　모르겠는데.

왕린　내가 생각하기에, 이것은 아마도 왕 선생님의 책인 것 같아.

데이비드　왕 선생님, 이 책은 선생님 것이에요?

왕 선생님　맞아요, 내 거예요.

데이비드　제가 좀 봐도 될까요?

왕 선생님　당연히 되죠.

[회화] 02

린나　이 사전은 누구 것이니?

왕린　내 거야.

린나　내가 너의 사전을 좀 사용해도 될까?

왕린　당연히 되지.

린나　나는 너의 펜도 좀 쓰고 싶은데, 괜찮아?

왕린　응, 괜찮아. 너는 어떤 펜을 원하니? 이것 아니면 저것?

린나　모두 괜찮아.

왕린　여기 있어.

린나　고마워.

왕린　천만에.

[회화] 03

알렉산더　내가 너의 컴퓨터를 좀 빌려도 될까?

이대중　미안해, 내 컴퓨터는 집에 있어.

알렉산더　이 컴퓨터는 누구 것이니?

이대중　다나카 거야.

알렉산더　그녀는 어디 있어?

이대중　모르겠는데.

■ 쉽게 이해하는 어법

1 이 책 두 권 / 그 세 사람 / 어느 두 사람

나는 이 두 권의 책을 원하고, 저 두 권의 책은 원하지 않는다.

이 두 권 / 저 세 명

이 책 / 저것

A 당신은 어느 책을 원하세요?

B 저는 이 책을 원해요. 저 책을 원하지 않아요.

[확인 체크]

❶ 那三个人是谁?

❷ 你要哪支笔?

2 제가 당신의 컴퓨터를 좀 사용해도 될까요?

저는 당신의 사전을 좀 빌리고 싶은데, 가능해요?

[확인 체크]

❶ 我可以看一下儿你的地图吗?

❷ 我可以用一下儿你的手机吗?

3 중국의 책 / 린나의 책 / 친구의 책 / 나의 책

이것은 나의 것이고, 저것은 이대중의 것이다.

이 책은 나의 것이고, 저 책은 이대중의 것이다.

[확인 체크]

❶ B　　　❷ C

정확하게 따라 읽는 **발음** 연습

2 ❶ diànnǎo ❷ yíxiàr

❸ wèntí ❹ dāngrán

❺ dàgài ❻ háishi

❼ xièxie ❽ bú kèqi

3 ❶ 哪台电脑是你的？ 这台还是那台？

❷ 我不知道这是谁的书。

❸ A 我看一下儿，行吗？

B 行，没问题。

문장의 틀을 완성하는 **문형** 연습

1 A 제가 당신의 지도를 좀 빌려도 될까요？

B 물론이죠. 당연히 되죠.

2 A 당신은 어느 펜을 원하세요? 이거요 아니면 저거요?

B 저는 저것을 원해요.

실력 향상을 위한 **연습 문제**

1 ❶ 台 ❷ 本 ❸ 个

❹ 个 ❺ 张 ❻ 个

❼ 本 ❽ 支 ❾ 辆

2 ❶ 这辆自行车是田中的。

❷ 那台电脑是王林的。

❸ 这三支笔都是马小红的吗？

3 ❶ 我借一下儿你的汉英词典，可以吗？/
我可以借一下儿你的汉英词典吗？

❷ 我叫一下儿我的朋友，可以吗？/
我可以叫一下儿我的朋友吗？

❸ 明天晚上我给你打电话，可以吗？/
明天晚上我可以给你打电话吗？

❹ 我跟你一起去买东西，可以吗？/
我可以跟你一起去买东西吗？

4 ❶ 不，这本书是我朋友的。

❷ 这支(笔)是我的，那支(笔)是王林的。

❸ 当然可以。

❹ 你要这张地图还是那张地图？

5 下 xià ＼ 笔 bǐ ＼ 脑 nǎo ＼ 里 li

> 린나는 사전도 없고 펜도 없다. 린나는 왕린의 것을 좀 쓰고 싶었다.
> 왕린은 린나에게 사전 한 권, 펜 한 자루를 주었다.
> 린나는 왕린에게 컴퓨터도 좀 빌리고 싶었다. 하지만 왕린의 컴퓨터는 집에 있다.

11 那件衣服很便宜。

그 옷은 아주 싸요.

듣고 말하는 회화

회화 01

마샤오훙	너 봐봐, 저기에 상점이 하나 있어.
린나	어디에?
마샤오훙	저기에.
린나	저 상점은 어때?
마샤오훙	저 상점은 괜찮아. 상점 안에 옷이 많이 있어. 우리 가서 좀 보자.
린나	좋아, 가서 좀 보자.

회화 02

마샤오훙	너 봐봐, 이 옷들은 어때?
린나	모두 다 괜찮아. 이 옷은 얼마야?
마샤오훙	650위안이야.
린나	너무 비싸다.
마샤오훙	봐봐, 저 옷은 아주 싸, 겨우 130위안이야.
린나	맞아, 굉장히 싸. 하지만 그다지 예쁘지 않아.

회화 03

판매원	옷을 사려고 하시나요? 여기에 옷이 많이 있어요.
린나	그러네요. 여기에는 옷이 적지 않게 있네요. 어떤 옷은 매우 싸지만 예쁘지 않고, 어떤 옷은 비교적 예쁜데 너무 비싸네요.
판매원	여기에 옷이 좀 더 있어요. 보세요, 이건 어떠세요?
린나	그럭저럭 괜찮네요. 얼마예요?
판매원	220위안이에요.
마샤오훙	이것은 비교적 예쁘고 꽤 싸기도 하네. 이것으로 사.
린나	좋아, 이것으로 살게.

쉽게 이해하는 어법

1 여기에 사전 두 권이 있다.
저기에 유학생이 적지 않게 있다.
방 안에 한 사람이 있다.
상점 안에는 많은 옷이 있다.

✔ 확인 체크

❶ 这儿有很多衣服。

❷ 中国有不少留学生。

2

	A	방 안에 몇 명이 있나요?
	B	5명 있어요.

	A	방 안에 사람이 얼마나 있나요?
	B	30명 있어요.

	A	이 펜은 얼마예요?
	B	3위안이에요.

	A	이 옷은 얼마예요?
	B	800위안이에요.

✔ 확인 체크

❶ 多少　　　　❷ 几

3

✔ 확인 체크

❶ 十块四毛 shí kuài sì máo

❷ 八块零八分 bā kuài líng bā fēn

❸ 二百零二分 èrbǎi líng èr fēn

❹ 五分 wǔ fēn

❺ 五毛 wǔ máo

❻ 六十六块六毛六分 liùshíliù kuài liù máo liù fēn

❼ 五百块 wǔbǎi kuài

❽ 二十块二毛二分 èrshí kuài èr máo èr fēn

4 이 옷은 그다지 싸지 않다.
이 옷은 매우 싸다.

✔ 확인 체크

❶ C　　　　❷ C

2 ① shénme ② zěnme
③ zhīdao ④ búcuò
⑤ shāngdiàn ⑥ fēicháng
⑦ yìxiē ⑧ bǐjiào

3 ① 这件衣服多少钱?
② 那儿的东西很便宜。
③ 她非常漂亮。
④ 太贵了！我不要。

1 A 상점 안에는 컴퓨터가 있나요?
B 있어요. 상점 안에는 컴퓨터가 두 대 있어요.
2 A 저기는 어때요?
B 저기는 매우 예뻐요.
3 A 이 옷은 얼마예요?
B 588위안이에요.

1 ① 350元 ② 588元 ③ 5.5元
④ 75.9元 ⑤ 21元 ⑥ 2元

녹음 대본

① A 这辆自行车多少钱? 이 자전거는 얼마예요?
B 350块。 350위안이에요.
② A 这件衣服多少钱? 이 옷은 얼마예요?
B 588块。 588위안이에요.
③ A 这张地图多少钱? 이 지도는 얼마예요?
B 5块5毛。 5.5위안이에요.
④ A 这本词典多少钱? 이 사전은 얼마예요?
B 75块9毛。 75.9위안이에요.
⑤ A 这本书多少钱? 이 책은 얼마예요?
B 21块。 21위안이에요.
⑥ A 这支笔多少钱? 이 펜은 얼마예요?
B 两块。 2위안이에요.

2 ① 你有几个中国朋友?
② 那儿有多少(辆)自行车?
③ 这本书多少钱?
④ 田中住留学生宿舍几号楼几号房间?

3 ① 一件大衣四百三十九块。
② 十斤西瓜二十块。
③ 两瓶可口可乐五块四毛。
④ 一块手表九百九十八块。
⑤ 一双鞋一百一十九块。

4 ① 这件衣服不太漂亮。
② 这个商店不大。
③ 他女朋友非常漂亮。
④ 这本词典95元。

5 服 fu \ 便 pián \ 漂 piào \ 是 shì \ 以 yǐ \ 较 jiào \ 件 jiàn

이 상점은 아주 괜찮아. 상점 안에는 옷이 매우 많지.
어떤 옷은 매우 싸. 하지만 그다지 예쁘지 않아. 어떤 옷은 매우 예뻐. 하지만 매우 비싸. 봐봐, 이 옷은 그럭저럭 괜찮아. 220위안으로 비교적 싸고, 또한 매우 예뻐. 나는 이것을 사려고 해.

12   7-11과 **복습**

1 ❶ wǒ   ❷ 어느, 어디, 어느 것

❸ 今天   ❹ jiā

❺ Hànyǔ   ❻ 권[책을 세는 단위]

❼ 是

❽ (가지고) 있다; 있다[존재를 나타냄]

❾ diànnǎo   ❿ 便宜

2 ❶

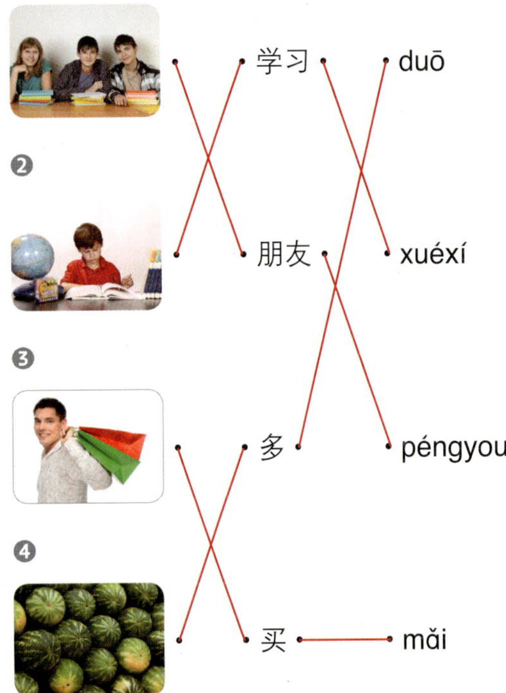

3 참고 답안

❶ 我叫林娜。

❷ 我住首尔。

❸ 我的电话号码是010-1234-5678。

❹ 我去看电影。

❺ 这是我的书。

❻ 这些衣服都很漂亮。

Y

Z

고유명사

목표 달성 중국어 Level 1

단어장

맛있는 books

1 Nǐ hǎo!

단어 01

001	nǐ 你
002	hǎo 好
003	shì 是
004	nǎ guó rén 哪国人
005	wǒ 我
006	Hánguó rén 韩国人
007	nín 您
008	guìxìng 贵姓
009	xìng 姓
010	Lǐ 李

3

2 Wǒ xuéxí Hànyǔ.

단어 02

011	xuéxí 学习
012	shénme 什么
013	Hànyǔ 汉语
014	zhù 住
015	nǎr 哪儿
016	sùshè 宿舍
017	ne 呢
018	yě 也

5

3 Nǐmen yào shénme?

단어 03

019	nǐmen 你们
020	yào 要
021	niúròu 牛肉
022	shūcài 蔬菜
023	hái 还
024	bú yào le 不要了
025	qǐngwèn 请问
026	fùjìn 附近
027	yǒu 有

7

3

028	yínháng 银行
029	yī 一
030	gè 个

9

4 Duōshao qián?

단어 04

031	jiào 叫
032	píngguǒ 苹果
033	zhè 这
034	zěnmeyàng 怎么样
035	hěn 很
036	tián 甜
037	duōshao 多少
038	qián 钱
039	qī 七
040	kuài 块

11

1 안녕하세요!

중국어로 써보세요

001 ☐☐	때 너, 당신	
002 ☐☐	형 안녕하다, 좋다	
003 ☐☐	동 ~이다	
004 ☐☐	어느 나라 사람	
005 ☐☐	때 나	
006 ☐☐	명 한국인	
007 ☐☐	때 당신	
008 ☐☐	명 성, 성씨	
009 ☐☐	동 성이 ~이다	
010 ☐☐	고유 이[성씨]	

4

3 무엇을 원하세요?

중국어로 써보세요

019 ☐☐	때 당신들, 너희들	
020 ☐☐	동 원하다, 필요하다	
021 ☐☐	명 쇠고기	
022 ☐☐	명 채소	
023 ☐☐	부 또, 더	
024 ☐☐	필요 없어요	
025 ☐☐	동 말씀 좀 여쭙겠습니다	
026 ☐☐	명 부근, 근처	
027 ☐☐	동 있다[존재를 나타냄]	

8

2 나는 중국어를 배워요.

중국어로 써보세요

011 ☐☐	동 학습하다, 공부하다	
012 ☐☐	때 무엇	
013 ☐☐	명 중국어	
014 ☐☐	동 살다, 거주하다	
015 ☐☐	때 어디	
016 ☐☐	명 기숙사	
017 ☐☐	조 ~는요?	
018 ☐☐	부 ~도, 또한, 역시	

6

4 얼마예요?

중국어로 써보세요

031 ☐☐	동 ~라고 부르다, ~라고 하다	
032 ☐☐	명 사과	
033 ☐☐	때 이, 이것	
034 ☐☐	때 어떻다, 어떠하다	
035 ☐☐	부 매우, 아주	
036 ☐☐	형 달다	
037 ☐☐	때 얼마, 몇	
038 ☐☐	명 돈	
039 ☐☐	수 7, 일곱	
040 ☐☐	양 위안[구어 표현(=元 yuán)]	

12

3

중국어로 써보세요

028 ☐☐	명 은행	
029 ☐☐	수 1, 하나	
030 ☐☐	양 개, 명[사람이나 사물을 세는 단위]	

10

4

041 ☐☐ **wǔ** 五

042 ☐☐ **máo** 毛

043 ☐☐ **xièxie** 谢谢

044 ☐☐ **zàijiàn** 再见

5 — Jīntiān xīngqī jǐ?

단어 05

045 ☐☐ **jīntiān** 今天

046 ☐☐ **xīngqī** 星期

047 ☐☐ **jǐ** 几

048 ☐☐ **hào** 号

049 ☐☐ **yuè** 月

050 ☐☐ **nán** 难

051 ☐☐ **bǐjiào** 比较

052 ☐☐ **dànshì** 但是

053 ☐☐ **yǒu yìsi** 有意思

7 — 您贵姓?

단어 06

054 ☐☐ 您 **nín**

055 ☐☐ 你 **nǐ**

056 ☐☐ 我 **wǒ**

057 ☐☐ 他 **tā**

058 ☐☐ 她 **tā**

059 ☐☐ 们 **men**

· 我们 wǒmen | 你们 nǐmen | 他们 tāmen | 她们 tāmen

060 ☐☐ 老师 **lǎoshī**

061 ☐☐ 贵姓 **guìxìng**

· 您贵姓? Nín guìxìng?

7

062 ☐☐ 姓 **xìng**

063 ☐☐ 叫 **jiào**

064 ☐☐ 什么 **shénme**

065 ☐☐ 名字 **míngzi**

· 你叫什么名字? Nǐ jiào shénme míngzi?

066 ☐☐ 是 **shì**

067 ☐☐ 哪国人 **nǎ guó rén**

· 你是哪国人? Nǐ shì nǎ guó rén?

068 ☐☐ 哪 **nǎ**

069 ☐☐ 国 **guó**

7

070 ☐☐ 人 **rén**

071 ☐☐ 学习 **xuéxí**

072 ☐☐ 汉语 **Hànyǔ**

073 ☐☐ 英语 **Yīngyǔ**

074 ☐☐ 法语 **Fǎyǔ**

075 ☐☐ 好 **hǎo**

076 ☐☐ 也 **yě**

· 我也学习汉语。 Wǒ yě xuéxí Hànyǔ.

077 ☐☐ 都 **dōu**

· 我们都学习汉语。 Wǒmen dōu xuéxí Hànyǔ.

7

078 ☐☐ 不 **bù**

· 他不学习汉语。 Tā bù xuéxí Hànyǔ.

079 ☐☐ 呢 **ne**

· 我学习汉语,你呢? Wǒ xuéxí Hànyǔ, nǐ ne?

080 ☐☐ 吗 **ma**

· 你是法国人吗? Nǐ shì Fǎguó rén ma?

081 ☐☐ 英国 **Yīngguó**

082 ☐☐ 法国 **Fǎguó**

5 오늘은 무슨 요일이에요?

- 045 ☐☐ 명 오늘
- 046 ☐☐ 명 요일
- 047 ☐☐ 수 몇
- 048 ☐☐ 명 일[날짜]
- 049 ☐☐ 명 월
- 050 ☐☐ 형 어렵다
- 051 ☐☐ 부 비교적, 꽤
- 052 ☐☐ 접 그러나
- 053 ☐☐ 형 재미있다

16

4

- 041 ☐☐ 수 5, 다섯
- 042 ☐☐ 양 마오[元의 1/10, 구어 표현(=角 jiǎo)]
- 043 ☐☐ 동 감사합니다, 고맙습니다
- 044 ☐☐ 동 안녕히 계십시오(가십시오)

14

7

- 062 ☐☐ 명 성, 성씨 동 성이 ~이다
- 063 ☐☐ 동 ~라고 부르다, ~라고 하다
- 064 ☐☐ 대 무엇, 무슨, 어떤
- 065 ☐☐ 명 이름
  - 당신은 이름이 뭐예요?
- 066 ☐☐ 동 ~이다
- 067 ☐☐ 어느 나라 사람
  - 당신은 어느 나라 사람이에요?
- 068 ☐☐ 대 어느, 어디
- 069 ☐☐ 명 나라

20

7 당신은 성이 어떻게 되나요?

- 054 ☐☐ 대 당신
- 055 ☐☐ 대 너, 당신
- 056 ☐☐ 대 나
- 057 ☐☐ 대 그
- 058 ☐☐ 대 그녀
- 059 ☐☐ 접미 들
  - 우리 | 당신들, 너희들 | 그들 | 그녀들
- 060 ☐☐ 명 선생님
- 061 ☐☐ 명 성, 성씨
  - 당신은 성이 어떻게 되나요?

18

7

- 078 ☐☐ 부 ~하지 않다, ~아니다
  - 그는 중국어를 배우지 않는다.
- 079 ☐☐ 조 ~는요?
  - 저는 중국어를 배워요, 당신은요?
- 080 ☐☐ 조 ~입니까?
    [문장 끝에 쓰여 의문의 어기를 나타냄]
  - 당신은 프랑스인이에요?
- 081 ☐☐ 고유 영국
- 082 ☐☐ 고유 프랑스

24

7

- 070 ☐☐ 명 사람
- 071 ☐☐ 동 학습하다, 공부하다
- 072 ☐☐ 명 중국어
- 073 ☐☐ 명 영어
- 074 ☐☐ 명 프랑스어
- 075 ☐☐ 형 안녕하다, 좋다
- 076 ☐☐ 부 ~도, 또한, 역시
  - 나도 중국어를 배운다.
- 077 ☐☐ 부 모두, 다, 전부
  - 우리는 모두 중국어를 배운다.

22

你住哪儿?

083 □□ 去 qù

084 □□ 哪儿 nǎr
· 你去哪儿? Nǐ qù nǎr?

085 □□ 对 duì

086 □□ 好的 hǎo de

087 □□ 住 zhù
· 你住哪儿? Nǐ zhù nǎr?

088 □□ 留学生 liúxuéshēng

089 □□ 学生 xuésheng

25

---

090 □□ 宿舍 sùshè
· 学生宿舍 xuésheng sùshè

091 □□ 楼 lóu

092 □□ 号 hào
· 三号楼 sān hào lóu

093 □□ 房间 fángjiān

094 □□ 几 jǐ
· 几号楼? Jǐ hào lóu? | 几号房间? Jǐ hào fángjiān?

095 □□ 百 bǎi
· 三百二十八 sānbǎi èrshíbā

27

---

096 □□ ○(零) líng
· 二○五 èr líng wǔ

097 □□ 路 lù
· 北京路328号 Běijīng Lù sānbǎi èrshíbā hào

098 □□ 的 de
· 你的 nǐ de | 我的 wǒ de | 他的 tā de | 她的 tā de

099 □□ 给…打电话 gěi…dǎ diànhuà

100 □□ 给 gěi

101 □□ 打 dǎ

29

---

102 □□ 电话 diànhuà

103 □□ 号码 hàomǎ
· 电话号码 diànhuà hàomǎ

104 □□ 多少 duōshao
· 号码是多少? Hàomǎ shì duōshao?

105 □□ 可以 kěyǐ

106 □□ 在家 zài jiā

107 □□ 在 zài

108 □□ 家 jiā

109 □□ 今天 jīntiān

31

---

110 □□ 明天 míngtiān

111 □□ 上午 shàngwǔ

112 □□ 下午 xiàwǔ

113 □□ 晚上 wǎnshang

114 □□ 南京路 Nánjīng Lù

115 □□ 北京路 Běijīng Lù

33

我要买两本词典。

116 □□ 课 kè
· 有课 yǒu kè | 没有课 méiyǒu kè

117 □□ 干 gàn
· 干什么? Gàn shénme?

118 □□ 要 yào

119 □□ 买 mǎi

120 □□ 东西 dōngxi
· 买东西 mǎi dōngxi

121 □□ 有 yǒu

35

8 · 중국어로 써보세요

| 090 ☐☐ 명 기숙사 |
| · 학생 기숙사 |
| 091 ☐☐ 명 건물 |
| 092 ☐☐ 양 호 |
| · 3호 건물 |
| 093 ☐☐ 명 방 |
| 094 ☐☐ 대 몇 |
| · 몇 동요? \| 몇 호 방이요? |
| 095 ☐☐ 수 100, 백 |
| · 328 |

8 · 중국어로 써보세요

| 083 ☐☐ 동 가다 |
| 084 ☐☐ 대 어디, 어느 곳 |
| · 당신은 어디 가세요? |
| 085 ☐☐ 형 맞다, 옳다 |
| 086 ☐☐ 좋아, 응 |
| 087 ☐☐ 동 살다, 거주하다 |
| · 당신은 어디 살아요? |
| 088 ☐☐ 명 유학생 |
| 089 ☐☐ 명 학생 |

8 · 중국어로 써보세요

| 102 ☐☐ 명 전화 |
| 103 ☐☐ 명 번호 |
| · 전화번호 |
| 104 ☐☐ 대 얼마, 몇 |
| · 번호는 몇 번이에요? |
| 105 ☐☐ 조동 ~할 수 있다, ~해도 된다 |
| 106 ☐☐ 집에 있다 |
| 107 ☐☐ 동 ~에 있다 개 ~에, ~에서 |
| 108 ☐☐ 명 집 |
| 109 ☐☐ 명 오늘 |

8 · 중국어로 써보세요

| 096 ☐☐ 수 0, 영 |
| · 205 |
| 097 ☐☐ 명 길 |
| · 베이징로 328호 |
| 098 ☐☐ 조 ~의, ~의 것 |
| · 너의 것 \| 나의 것 \| 그의 것 \| 그녀의 것 |
| 099 ☐☐ ~에게 전화를 걸다 |
| 100 ☐☐ 개 ~에게 |
| 101 ☐☐ 동 (손이나 기구를 이용하여) 치다, 때리다, (전화를) 걸다 |

9 저는 사전 두 권을 사려고 해요. · 중국어로 써보세요

| 116 ☐☐ 명 수업, 과 |
| · 수업이 있다 \| 수업이 없다 |
| 117 ☐☐ 동 하다 |
| · 뭐 해요? |
| 118 ☐☐ 조동 ~하려고 하다, ~할 것이다 동 원하다, 필요하다 |
| 119 ☐☐ 동 사다 |
| 120 ☐☐ 명 물건 |
| · 물건을 사다 |
| 121 ☐☐ 동 (가지고) 있다 |

8 · 중국어로 써보세요

| 110 ☐☐ 명 내일 |
| 111 ☐☐ 명 오전 |
| 112 ☐☐ 명 오후 |
| 113 ☐☐ 명 저녁 |
| 114 ☐☐ 고유 난징로 |
| 115 ☐☐ 고유 베이징로 |

122 没有 méiyǒu

123 词典 cídiǎn

124 汉英词典 Hàn-Yīng cídiǎn

125 英汉词典 Yīng-Hàn cídiǎn

126 本 běn

· 一本词典 yì běn cídiǎn

127 自行车 zìxíngchē

128 辆 liàng

· 一辆自行车 yí liàng zìxíngchē

129 地图 dìtú

· 中国地图 Zhōngguó dìtú

130 张 zhāng

· 一张地图 yì zhāng dìtú

131 朋友 péngyou

132 个 gè

· 一个中国朋友 yí ge Zhōngguó péngyou

133 两 liǎng

· 两本 liǎng běn | 两辆 liǎng liàng | 两个 liǎng ge

134 大学生 dàxuéshēng

135 大学 dàxué

136 咱们 zánmen

137 谁 shéi/shuí

138 跟 gēn

139 一起 yìqǐ

· 跟他一起 gēn tā yìqǐ

140 好 hǎo

141 还 hái

· 我要买一本词典，还要买一张地图。
Wǒ yào mǎi yì běn cídiǎn, hái yào mǎi yì zhāng dìtú.

142 可是 kěshì

143 太…了 tài…le

· 太好了！Tài hǎo le!

144 中国 Zhōngguó

这本词典是谁的？

145 这 zhè

· 这个 zhège

146 那 nà

· 那个 nàge

147 哪 nǎ

· 哪个 nǎge

148 书 shū

· 一本书 yì běn shū

149 笔 bǐ

150 支 zhī

· 一支笔 yì zhī bǐ

151 电脑 diànnǎo

152 台 tái

· 一台电脑 yì tái diànnǎo

153 知道 zhīdao

154 用 yòng

155 看 kàn

· 你看！Nǐ kàn! | 看书 kàn shū

156 借 jiè

9

중국어로 써보세요

129 □□ 명 지도

• 중국 지도

130 □□ 양 장, 개
[종이 · 책상 · 침대 등 넓은 표면을 가진 것을 세는 단위]

• 지도 한 장

131 □□ 명 친구

132 □□ 양 개, 명[사람이나 사물을 세는 단위]

• 중국 친구 한 명

133 □□ 수 2, 둘

• 두 권 | 두 대 | 두 개

9

중국어로 써보세요

122 □□ 동 없다

123 □□ 명 사전

124 □□ 중영사전

125 □□ 영중사전

126 □□ 양 권[책을 세는 단위]

• 사전 한 권

127 □□ 명 자전거

128 □□ 양 대[차량을 세는 단위]

• 자전거 한 대

9

중국어로 써보세요

141 □□ 부 또, 더

• 나는 사전 한 권을 사려고 하고, 지도도 한 장 사려고 한다.

142 □□ 접 그러나, 하지만

143 □□ 매우 ~하다

• 아주 좋아요!

144 □□ 고유 중국

9

중국어로 써보세요

134 □□ 명 대학생

135 □□ 명 대학

136 □□ 대 우리(들)

137 □□ 대 누구

138 □□ 개 ~와

139 □□ 부 함께

• 그와 함께

140 □□ 형 좋다

10

중국어로 써보세요

150 □□ 양 자루[막대 모양의 물건을 세는 단위]

• 펜 한 자루

151 □□ 명 컴퓨터

152 □□ 양 대[기계나 설비 등을 세는 단위]

• 컴퓨터 한 대

153 □□ 동 알다, 이해하다

154 □□ 동 사용하다

155 □□ 동 보다

• 여기 보세요! | 책을 보다

156 □□ 동 빌리다

10

이 사전은 누구의 것이에요?

중국어로 써보세요

145 □□ 대 이, 이것

• 이, 이것

146 □□ 대 저, 저것

• 그것, 저것

147 □□ 대 어느, 어디

• 어느, 어느 것

148 □□ 명 책

• 책 한 권

149 □□ 명 펜, 필기구

157 □□ 想 xiǎng

158 □□ 给 gěi
- 给他一本书 gěi tā yì běn shū

159 □□ 一下儿 yíxiàr
- 想一下儿 xiǎng yíxiàr | 用一下儿 yòng yíxiàr |
  看一下儿 kàn yíxiàr | 借一下儿 jiè yíxiàr

160 □□ 里 lǐ
- 家里 jiā li | 在家里 zài jiā li

161 □□ 问题 wèntí
- 一个问题 yí ge wèntí | 没问题 méi wèntí

162 □□ 行 xíng

163 □□ 当然 dāngrán

164 □□ 大概 dàgài

165 □□ 还是 háishi
- 你要这本还是那本? Nǐ yào zhè běn háishi nà běn?

166 □□ 谢谢 xièxie

167 □□ 不客气 bú kèqi

168 □□ 对不起 duìbuqǐ

169 □□ 没关系 méi guānxi

那件衣服很便宜。

170 □□ 商店 shāngdiàn

171 □□ 衣服 yīfu

172 □□ 件 jiàn
- 一件(衣服) yí jiàn (yīfu)

173 □□ 这儿 zhèr

174 □□ 那儿 nàr

175 □□ 有 yǒu
- 那儿有一个商店。 Nàr yǒu yí ge shāngdiàn.

176 □□ 很 hěn

177 □□ 多 duō
- 人很多。 Rén hěn duō. | 很多人 hěn duō rén

178 □□ 少 shǎo
- 人很少。 Rén hěn shǎo. | 不少人 bùshǎo rén

179 □□ 怎么样 zěnmeyàng
- 这本书怎么样? Zhè běn shū zěnmeyàng?

180 □□ 还可以 hái kěyǐ

181 □□ 不错 búcuò
- 很不错 hěn búcuò

182 □□ 漂亮 piàoliang

183 □□ 贵 guì

184 □□ 便宜 piányi

185 □□ 不太 bú tài
- 不太好 bú tài hǎo

186 □□ 比较 bǐjiào

187 □□ 非常 fēicháng

188 □□ 钱 qián
- 这本书多少钱? Zhè běn shū duōshao qián? |
  这本书几块钱? Zhè běn shū jǐ kuài qián?

189 □□ 块 kuài

190 □□ 元 yuán

191 □□ 毛 máo

192 □□ 角 jiǎo

193 □□ 分 fēn

194 □□ 要 yào
- 这本书要三十块钱。
  Zhè běn shū yào sānshí kuài qián.

195 □□ 只 zhǐ
- 这本书只要三块钱。
  Zhè běn shū zhǐ yào sān kuài qián.

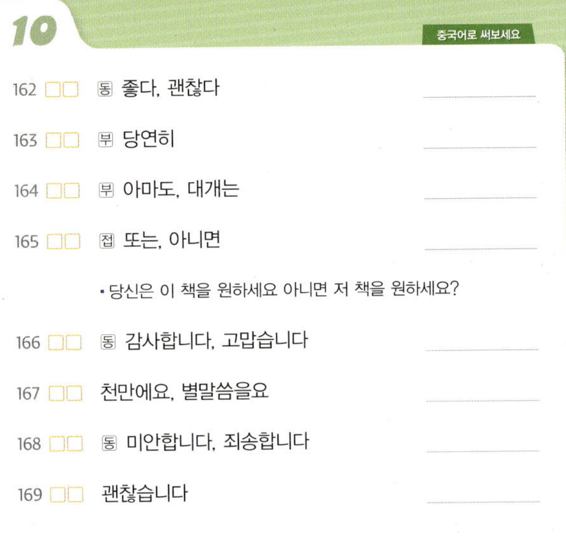
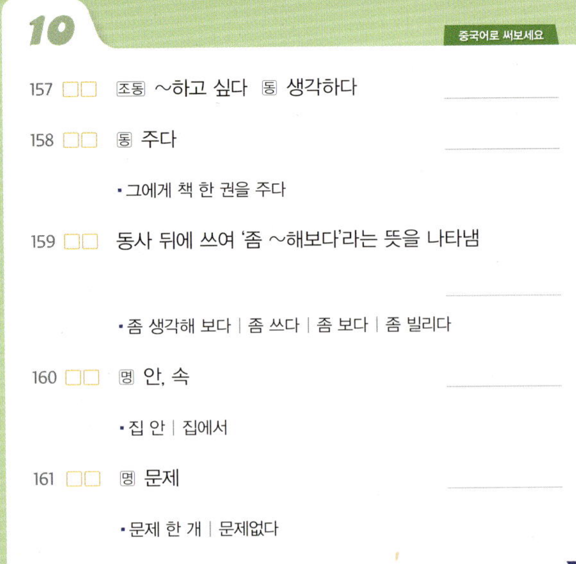

10

157 조동 ~하고 싶다 동 생각하다

158 동 주다

• 그에게 책 한 권을 주다

159 동사 뒤에 쓰여 '좀 ~해보다'라는 뜻을 나타냄

• 좀 생각해 보다 | 좀 쓰다 | 좀 보다 | 좀 빌리다

160 명 안, 속

• 집 안 | 집에서

161 명 문제

• 문제 한 개 | 문제없다

10

162 동 좋다, 괜찮다

163 부 당연히

164 부 아마도, 대개는

165 접 또는, 아니면

• 당신은 이 책을 원하세요 아니면 저 책을 원하세요?

166 동 감사합니다, 고맙습니다

167 천만에요, 별말씀을요

168 동 미안합니다, 죄송합니다

169 괜찮습니다

11

그 옷은 아주 싸요.

170 명 상점

171 명 옷

172 양 벌[옷을 세는 단위]

• 옷 한 벌

173 대 여기, 이곳

174 대 거기, 저기, 그곳

175 동 있다[존재를 나타냄]

• 저기에 상점이 하나 있다.

176 부 매우, 아주

11

177 형 많다

• 사람이 매우 많다. | 많은 사람

178 형 적다

• 사람이 매우 적다. | 적지 않은 사람

179 대 어떻다, 어떠하다

• 이 책은 어때요?

180 그럭저럭 괜찮다

181 형 좋다, 괜찮다

• 아주 좋다

182 형 예쁘다

11

183 형 비싸다

184 형 싸다

185 그다지 ~하지 않다

• 그다지 좋지 않다

186 부 비교적, 꽤

187 부 대단히, 매우

188 명 돈

• 이 책은 얼마예요? | 이 책은 몇 위안이에요?

189 양 위안[구어 표현(=元)]

11

190 양 위안

191 양 마오[元의 1/10, 구어 표현(=角)]

192 양 자오

193 양 펀[角의 1/10]

194 동 필요로 하다, 들다

• 이 책은 30위안이에요.

195 부 단지, 겨우

• 이 책은 겨우 3위안이에요.

196 ☐☐ 有的 yǒude

· 有的人 yǒude rén | 有的东西 yǒude dōngxi |

商店里的东西，有的很贵，有的比较便宜。
Shāngdiàn li de dōngxi, yǒude hěn guì, yǒude bǐjiào piányi.

197 ☐☐ 些 xiē

198 ☐☐ 一些 yìxiē

· 我要买一些书。 Wǒ yào mǎi yìxiē shū.

199 ☐☐ 这些 zhèxiē

· 这些书有的好，有的不好。
Zhèxiē shū yǒude hǎo, yǒude bù hǎo.

200 ☐☐ 那些 nàxiē

· 那些书不错。 Nàxiē shū búcuò.

201 ☐☐ 吧 ba

· 你去吧！ Nǐ qù ba! | 我去吧！ Wǒ qù ba! |

咱们去看一下儿吧！ Zánmen qù kàn yíxiàr ba!

중국어 인사 표현

🎧 단어 11

谢谢！ Xièxie!	감사합니다.
不客气。 Bú kèqi.	천만에요.
对不起！ Duìbuqǐ!	미안해요.
没关系。 Méi guānxi.	괜찮아요.
再见！ Zàijiàn!	안녕히 계세요.
再见！ Zàijiàn!	안녕히 가세요.

중국어 잰말놀이 绕口令

🎧 단어 13

Sì shì sì, shí shì shí.
四 是 四， 十 是 十。

Shísì shì shísì, sìshí shì sìshí.
十四 是 十四， 四十 是 四十。

4는 4이고, 10은 10이다.
14는 14이고, 40은 40이다.

중국어_숫자

🎧 단어 15

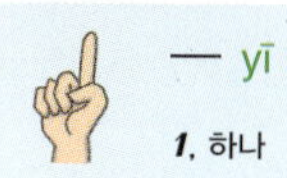
一 yī
1. 하나

二 èr
2. 둘

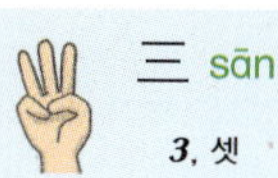
三 sān
3. 셋

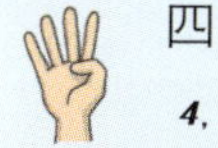
四 sì
4. 넷

五 wǔ
5. 다섯

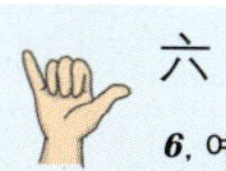
六 liù
6. 여섯

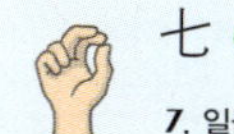
七 qī
7. 일곱

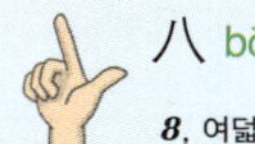
八 bā
8. 여덟

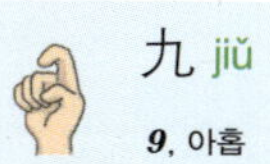
九 jiǔ
9. 아홉

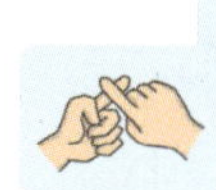

十 shí
10. 열

중국어_국가1

🎧 단어 17

韩国 Hánguó 한국

中国 Zhōngguó 중국

日本 Rìběn 일본

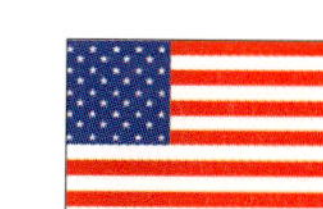
美国 Měiguó 미국

英国 Yīngguó 영국

法国 Fǎguó 프랑스

중국어로 써보세요

200 □□ 그것들, 저것들

• 저 책들은 좋다.

201 □□ 조 문장 끝에 쓰여서 요구, 명령이나 제의를 나타냄

• 당신이 가세요! | 제가 갈게요! | 우리 가서 좀 봐요!

중국어로 써보세요

196 □□ 어떤 것

• 어떤 사람 | 어떤 물건 | 상점 안의 물건은 어떤 것은 아주
  비싸고, 어떤 것은 비교적 싸다.

197 □□ 양 조금, 약간

198 □□ 조금, 약간

• 나는 책을 조금 사려고 한다.

199 □□ 이것들

• 이 책들은 어떤 것은 좋고, 어떤 것은 좋지 않다.

중국어 노래 两只老虎

 단어 14

liǎng zhī lǎohǔ　　liǎng zhī lǎohǔ
两　只　老虎　　两　只　老虎

pǎo de kuài　　pǎo de kuài
跑　得　快　　跑　得　快

yì zhī méiyǒu ěrduo　　yì zhī méiyǒu wěiba
一　只　没有　耳朵　　一　只　没有　尾巴

zhēn qíguài　　zhēn qíguài
真　奇怪　　真　奇怪

두 마리 호랑이 두 마리 호랑이
빨리 달리네 빨리 달리네
한 마리는 귀가 없고 한 마리는 꼬리가 없네
정말 이상해 정말 이상해

중국어 잰말놀이 绕口令

 단어 12

Māma qí mǎ, mǎ màn,
妈妈 骑马, 马 慢,

māma mà mǎ.
妈妈 骂 马。

엄마가 말을 타는데, 말이 느려서,
엄마가 말을 혼내네.

중국어_국가2

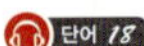 단어 18

德国 Déguó 독일

加拿大 Jiānádà 캐나다

俄罗斯 Éluósī 러시아

巴西 Bāxī 브라질

印度 Yìndù 인도

埃及 Āijí 이집트

중국어_요일

 단어 16

星期一
xīngqīyī
월요일

星期五
xīngqīwǔ
금요일

星期二
xīngqī'èr
화요일

星期六
xīngqīliù
토요일

星期三
xīngqīsān
수요일

星期天(日)
xīngqītiān(rì)
일요일

星期四
xīngqīsì
목요일

스피킹 중국어 시리즈

중국어 말하기,
제대로 트레이닝 해보세요!
EBS lang
동영상 강의 중
스피킹 중국어 첫걸음 new
Level up
JRC 중국어연구소 지음 | 첫걸음 200쪽, Level up 188쪽 | 12과 | 15,000원

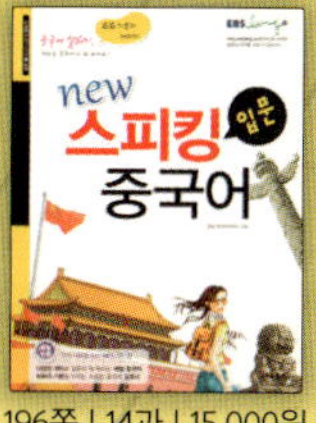
new 스피킹 입문 중국어
196쪽 | 14과 | 15,000원

new 스피킹 중국어
200쪽 | 12과 | 15,000원

new 스피킹 중국어
216쪽 | 12과 | 15,000원

new 스피킹 중국어
208쪽 | 14과 | 15,000원

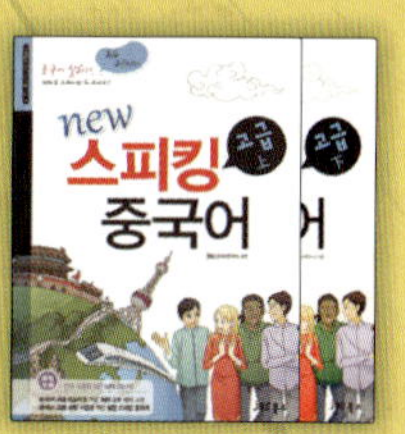
new 스피킹 중국어
上176쪽, 下172쪽 | 8과 | 15,000원

Nǐ hǎo!

1

看&写 병음을 보고 정확하게 따라 써보세요.

nǐ

你 [대] 너, 당신

hǎo

你 [형] 안녕하다, 좋다

shì

是 [동] ~이다

nǎ guó rén

哪国人 어느 나라 사람

wǒ

我 [대] 나

Hánguó rén

韩国人 [명] 한국인

nín

您 [대] 당신

xìng

姓 [동] 성이 ~이다

회화 01

A Nǐ hǎo!
你 好!

____

B Nǐ hǎo!
你 好!

____

회화 02

A Nǐ shì nǎ guó rén?
你 是 哪 国 人?

____

B Wǒ shì Hánguó rén.
我 是 韩国人。

____

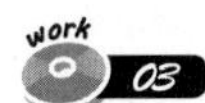

A Nín guìxìng?
　您　贵姓?

B Wǒ xìng Lǐ.
　我　姓　李。

2

Wǒ xuéxí Hànyǔ.

看&写　병음을 보고 정확하게 따라 써보세요.

xuéxí

学习 图 학습하다, 공부하다

shénme

什么 때 무엇

Hànyǔ

汉语 명 중국어

zhù

住 图 살다, 거주하다

nǎr

哪儿 때 어디

sùshè

宿舍 명 기숙사

ne

呢 조 ~는요?

yě

也 图 ~도, 또한, 역시

회화 01

A Nǐ xuéxí shénme?
   你 学习　什么?

____

B Wǒ xuéxí Hànyǔ.
   我 学习　汉语。

____

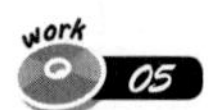

A　Nǐ zhù nǎr?
你 住 哪儿?

B　Wǒ zhù sùshè. Nǐ ne?
我 住 宿舍。你 呢?

A　Wǒ yě zhù sùshè.
我 也 住 宿舍。

③ Nǐmen yào shénme?

看&写 병음을 보고 정확하게 따라 써보세요.

nǐmen ___________________________

你们 ㈐ 당신들, 너희들

yào ___________________________

要 ㉨ 원하다, 필요하다

niúròu ___________________________

牛肉 ㈑ 쇠고기

shūcài ___________________________

蔬菜 ㈑ 채소

qǐngwèn ___________________________

请问 ㉨ 말씀 좀 여쭙겠습니다

yǒu ___________________________

有 ㉨ 있다[존재를 나타냄]

yínháng ___________________________

银行 ㈑ 은행

yī ___________________________

一 ㈒ 1, 하나

회화 01

A　Nǐmen yào shénme?
你们　要　什么？

B　Niúròu.
牛肉。

C　Shūcài.
蔬菜。

A　Hái yào shénme?
还　要　什么？

B&C　Bú yào le.
不　要　了。

A　Qǐngwèn, fùjìn yǒu yínháng ma?
请问， 附近 有　银行　吗?

B　Yǒu. Fùjìn yǒu yí ge yínháng.
有。附近 有 一 个　银行。

4 Duōshao qián?

看&写 병음을 보고 정확하게 따라 써보세요.

jiào _______________________________

叫 동 ~라고 부르다, ~라고 하다

píngguǒ _______________________________

苹果 명 사과

zhè _______________________________

这 대 이, 이것

tián _______________________________

甜 형 달다

duōshao _______________________________

多少 대 얼마, 몇

qián _______________________________

钱 명 돈

xièxie _______________________________

谢谢 동 감사합니다, 고맙습니다

zàijiàn _______________________________

再见 동 안녕히 계십시오(가십시오)

회화 01

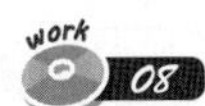

A Zhège jiào shénme?
这个 叫 什么?

____

B Píngguǒ.
苹果。

____

A Zhè píngguǒ zěnmeyàng?
这 苹果 怎么样?

____

B Hěn tián.
很 甜。

____

A Duōshao qián?
多少　钱?

B Qī kuài wǔ máo.
七 块 五 毛。

(A가 B에게 돈을 건넨 후)

A Xièxie! Zàijiàn!
谢谢!　再见!

B Zàijiàn!
再见!

5 Jīntiān xīngqī jǐ?

看&写 병음을 보고 정확하게 따라 써보세요.

jīntiān

今天 [명] 오늘

xīngqī

星期 [명] 요일

jǐ

几 [수] 몇

hào

号 [명] 일[날짜]

yuè

月 [명] 월

nán

难 [형] 어렵다

bǐjiào

比较 [부] 비교적, 꽤

yǒu yìsi

有意思 [형] 재미있다

[회화] 01

A Jīntiān xīngqī jǐ?

今天　星期 几?

____

B Jīntiān xīngqīyī.

今天　星期一。

____

[회화] 02

A Jīntiān jǐ hào?

今天 几 号?

____

B Jīntiān shí'èr yuè èrshíwǔ hào.

今天 十二 月 二十五 号。

____

A Xuéxí shénme?
学习　什么？

B Xuéxí Hànyǔ.
学习　汉语。

A Hànyǔ nán bu nán?
汉语　难　不　难？

B Bǐjiào nán, dànshì hěn yǒu yìsi.
比较　难，但是　很　有意思。

7 您贵姓?

看&写 획순에 따라 간체자를 정확하게 써보세요.

您 nín 당신

ノ イ イ′ ⺅′ ⺅⺈ 你 你 你 您 您 您

您 당신 님

您 您 您

nín · nín · nín

您好!
Nín hǎo!
안녕하세요!

您 好
nín · hǎo

们 men 들

ノ イ イ′ 亻′ 们 们

們 들문

们 们 们

men · men · men

我们
wǒmen
우리

我 们
wǒ · men

师 shī 선생, 스승

丨 丿 丆 广 师 师

師 스승 사

师 师 师

shī · shī · shī

老师
lǎoshī
선생님

老 师
lǎo · shī

姓 xìng 성씨, 성이 ~이다

乀 乆 女 女 女′ 女⺈ 姓 姓

姓 성씨 성

姓 姓 姓

xìng · xìng · xìng

贵姓
guìxìng
성, 성씨

贵 姓
guì · xìng

<table>
<tr><td>么
me
접미사의 하나</td><td>ノ 么 么
麽 어조사 마
么 me / 么 me / 么 me</td><td>什么
shénme
무엇, 무슨, 어떤</td><td>什 shén / 么 me</td></tr>
<tr><td>名
míng
이름, 명칭</td><td>ノ ク タ タ 名 名
名 이름 명
名 míng / 名 míng / 名 míng</td><td>名字
míngzi
이름</td><td>名 míng / 字 zi</td></tr>
<tr><td>国
guó
나라, 국가</td><td>丨 冂 冂 月 冈 国 国 国
國 나라 국
国 guó / 国 guó / 国 guó</td><td>韩国
Hánguó
한국</td><td>韩 Hán / 国 guó</td></tr>
<tr><td>学
xué
배우다, 학습하다</td><td>丶 丷 丷 ⺍ ⺍ 学 学 学
學 배울 학
学 xué / 学 xué / 学 xué</td><td>学习
xuéxí
학습하다, 공부하다</td><td>学 xué / 习 xí</td></tr>
<tr><td>汉
Hàn
한나라</td><td>丶 丶 冫 汊 汉
漢 한나라 한
汉 Hàn / 汉 Hàn / 汉 Hàn</td><td>汉语
Hànyǔ
중국어</td><td>汉 Hàn / 语 yǔ</td></tr>
</table>

회화 01

work 13

林娜	老师，您贵姓？
	Lǎoshī, nín ________?
王老师	我姓王。
	Wǒ ______ Wáng.
林娜	王老师，您好!
	Wáng lǎoshī, nín hǎo!
王老师	你好! 你叫什么名字？
	Nǐ hǎo!　Nǐ ______ shénme ________?
林娜	我叫林娜。
	Wǒ jiào Línnà.
王老师	你是哪国人？
	Nǐ shì ______ guó rén?
林娜	我是法国人。
	Wǒ shì Fǎguó rén.

林娜　你好!
　　　Nǐ hǎo!

马小红　你好!
　　　　Nǐ hǎo!

林娜　你叫什么名字?
　　　Nǐ jiào shénme míngzi?

马小红　我叫马小红。　你们呢?
　　　　Wǒ jiào Mǎ Xiǎohóng. Nǐmen ______?

林娜　我叫林娜，他叫大卫。
　　　Wǒ jiào Línnà, tā jiào Dàwèi.

马小红　你们都是英国人吗?
　　　　Nǐmen ______ shì Yīngguó rén ma?

林娜　不，我是法国人，他是英国人。
　　　______, wǒ shì ________ rén, tā shì Yīngguó rén.

马小红　你们学习什么？
　　　　Nǐmen ＿＿＿＿＿ shénme?

林娜　　我学习汉语。
　　　　Wǒ xuéxí ＿＿＿＿＿.

大卫　　我也学习汉语。
　　　　Wǒ yě xuéxí Hànyǔ.

马小红　你们都学习汉语。
　　　　Nǐmen ＿＿＿＿＿ xuéxí Hànyǔ.

大卫　　你学习什么？
　　　　Nǐ xuéxí shénme?

马小红　我学习英语，也学习法语。
　　　　Wǒ xuéxí ＿＿＿＿＿, ＿＿＿＿＿ xuéxí Fǎyǔ.

STEP 1　녹음을 들으며 성조를 표시해 보세요. 

我叫林娜，是法国人，在上海学习汉语。他叫
Wǒ jiào Línnà,　　shi Faguo ren,　　zai Shanghai xuexi Hanyu.　　Ta jiao

大卫，是英国人。他也学习汉语。我们都学习汉语。
Dawei,　　shi Yingguo ren.　Ta ye xuexi Hanyu.　　Women dou xuexi Hanyu.

她叫马小红，大卫叫她小马，我叫她小红。她学习英
Ta jiao Ma Xiaohong,　Dawei jiao ta Xiao Ma,　　wo jiao ta Xiaohong.　Ta xuexi Ying

语，也学习法语。她英语很好，法语不好。
yu,　　ye xuexi Fayu.　　Ta Yingyu hen hao,　Fayu bu hao.

在 zài 깨 ~에, ~에서 ｜ 上海 Shànghǎi 고유 상하이 ｜ 很 hěn 분 매우, 아주

STEP 2　본문을 읽고 해석해 보세요.

8

你住哪儿?

 획순에 따라 간체자를 정확하게 써보세요.

| 去
qù
가다 | 一 十 土 去 去
去 갈 거 | 去中国
qù Zhōngguó
중국에 가다 | 去
qù | 中
Zhōng | 国
guó |
| | 去 qù | 去 qù | 去 qù | | |

| 生
shēng
낳다, 자라나다 | ノ ト ヒ 牛 生
生 날 생 | 留学生
liúxuéshēng
유학생 | 留
liú | 学
xué | 生
shēng |
| | 生 shēng | 生 shēng | 生 shēng | | |

| 宿
sù
숙박하다 | 丶 丶 宀 宀 疒 疒 疒 疒 宿 宿 宿
宿 묵을 숙 | 宿舍
sùshè
기숙사 | 宿
sù | 舍
shè | |
| | 宿 sù | 宿 sù | 宿 sù | | |

| 房
fáng
집, 방 | 丶 亠 亠 户 户 户 房 房
房 방 방 | 房间
fángjiān
방 | 房
fáng | 间
jiān | |
| | 房 fáng | 房 fáng | 房 fáng | | |

几 jǐ 몇	ノ 几 幾 몇 기	几 几 几 jǐ jǐ jǐ	几号 jǐ hào 며칠이에요?	几 号 jǐ hào
电 diàn 전기, 번개	丨 冂 冃 日 电 電 번개 전	电 电 电 diàn diàn diàn	电话 diànhuà 전화	电 话 diàn huà
家 jiā 집	丶 丶 宀 宁 宁 宇 家 家 家 家 집 가	家 家 家 jiā jiā jiā	在家 zài jiā 집에 있다	在 家 zài jiā
今 jīn 현재, 지금	ノ 人 ㅅ 今 今 지금 금	今 今 今 jīn jīn jīn	今天 jīntiān 오늘	今 天 jīn tiān
晚 wǎn 늦다	丨 冂 日 日 旷 旷 晄 晄 晩 晚 晚 늦을 만	晚 晚 晚 wǎn wǎn wǎn	晚上 wǎnshang 저녁	晚 上 wǎn shang

회화 01

work 17

司机	去哪儿？
	_______ nǎr?
大卫	南京路。
	Nánjīng _______.
司机	什么？
	Shénme?
大卫	南京路。
	Nánjīng Lù.
司机	是南京路吗？
	Shì Nánjīng Lù ma?
大卫	对。
	_______.
司机	好的。
	Hǎo _______.

大卫	你住哪儿？
	Nǐ zhù nǎr?

亚历山大	我住留学生宿舍。
	Wǒ zhù ___________ sùshè.

大卫	几号楼？
	Jǐ hào ______?

亚历山大	3号楼。
	Sān hào lóu.

大卫	几号房间？
	Jǐ hào ________?

亚历山大	205房间。 你呢？
	Èr líng wǔ fángjiān. Nǐ ne?

大卫	我住北京路328号。
	Wǒ zhù Běijīng Lù sānbǎi èrshíbā hào.

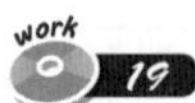

亚历山大　我可以给你打电话吗？

Wǒ ＿＿＿＿＿＿ ＿＿＿ nǐ dǎ diànhuà ma?

大卫　可以。

Kěyǐ.

亚历山大　你的电话号码是多少？

Nǐ de diànhuà ＿＿＿＿＿＿ shì duōshao?

大卫　我的电话号码是65987432。

Wǒ de diànhuà hàomǎ shì liù wǔ jiǔ bā qī sì sān èr.

亚历山大　今天晚上你在家吗？

Jīntiān wǎnshang nǐ zài jiā ma?

大卫　今天晚上我不在家。

Jīntiān ＿＿＿＿＿＿ wǒ bú zài jiā.

亚历山大　明天上午呢？

Míngtiān ＿＿＿＿＿＿ ne?

大卫　也不在家。我明天下午在家。

Yě bú zài jiā.　　Wǒ míngtiān ＿＿＿＿＿＿ zài jiā.

STEP 1 녹음을 들으며 성조를 표시해 보세요.

我是美国留学生，住留学生宿舍二号楼六〇五
Wǒ shì Měiguó liuxuesheng, zhu liuxuesheng sushe er hao lou liu ling wu

房间。我的电话号码是62329745。你可以给我打电
fangjian. Wo de dianhua haoma shi liu er san er jiu qi si wu. Ni keyi gei wo da dian

话，我每天晚上都在房间。你也可以给我发e-mail，
hua, wo mei tian wanshang dou zai fangjian. Ni ye keyi gei wo fa e-mail,

这是我的e-mail地址。
zhe shi wo de e-mail dizhi.

美国 Měiguó 고유 미국 | 每天 měi tiān 명 매일 | 发 fā 통 부내다, 발송하다 | 这 zhè 대 이, 이것
地址 dìzhǐ 명 주소

STEP 2 본문을 읽고 해석해 보세요.

9 我要买两本词典。

看&写 획순에 따라 간체자를 정확하게 써보세요.

목표 달성 중국어 Level 1					
买 mǎi 사다	一 フ フ 三 买 买 買 살 매		买东西 mǎi dōngxi 물건을 사다	买 mǎi	东 dōng	西 xi
	买 mǎi	买 mǎi	买 mǎi			

东 dōng 동쪽	一 た 车 东 东 東 동녘 동		东西 dōngxi 물건	东 dōng	西 xi
	东 dōng	东 dōng	东 dōng		

有 yǒu (가지고) 있다	一 ナ 仁 冇 有 有 有 있을 유		有课 yǒu kè 수업이 있다	有 yǒu	课 kè
	有 yǒu	有 yǒu	有 yǒu		

没 méi 없다	丶 丶 氵 氿 沕 沒 没 沒 없을 몰		没有 méiyǒu 없다	没 méi	有 yǒu
	没 méi	没 méi	没 méi		

词 cí 말, 단어	` 讠 订 讵 诃 词 词		词典 cídiǎn 사전	词 cí	典 diǎn
	词 말 사				
	词 cí	词 cí	词 cí		

本 běn 공책, 권	一 十 才 木 本		两本 liǎng běn 두 권	两 liǎng	本 běn
	本 뿌리 본				
	本 běn	本 běn	本 běn		

图 tú 그림, 도표	丨 冂 冂 冈 冈 冈 图 图		地图 dìtú 지도	地 dì	图 tú
	圖 그림 도				
	图 tú	图 tú	图 tú		

友 yǒu 친구	一 ナ 方 友		朋友 péngyou 친구	朋 péng	友 you
	友 벗 우				
	友 yǒu	友 yǒu	友 yǒu		

个 gè 개, 명[사람이나 사물을 세는 단위]	ノ 人 个		一个 yí ge 한 개	一 yí	个 ge
	個 낱 개				
	个 gè	个 gè	个 gè		

회화 01

亚历山大　明天没有课，你干什么？
Míngtiān méiyǒu ______, nǐ ______ shénme?

大卫　我要去买东西。　你呢？
Wǒ ______ qù mǎi dōngxi. Nǐ ne?

亚历山大　我也要去买东西。你要买什么东西？
Wǒ yě yào qù mǎi dōngxi.　Nǐ yào ______ shénme dōngxi?

大卫　我要买两本词典。
Wǒ yào mǎi liǎng ______ ________.

亚历山大　两本什么词典？
Liǎng běn shénme cídiǎn?

大卫　一本汉英词典，一本英汉词典。
Yì běn Hàn-Yīng cídiǎn, yì běn Yīng-Hàn cídiǎn.

王林　我明天要去买词典，你去吗？
Wǒ míngtiān yào qù mǎi cídiǎn, nǐ qù ma?

李大中　我不去，我有词典。
Wǒ bú qù, wǒ yǒu cídiǎn.

可是，我没有自行车，我要去买一辆自行车。
__________, wǒ méiyǒu zìxíngchē, wǒ yào qù mǎi yí ______ zìxíngchē.

王林　我也没有自行车，我也要去买一辆。
Wǒ yě méiyǒu zìxíngchē, wǒ yě yào qù mǎi yí liàng.

我还要买一张地图。
Wǒ ______ yào mǎi yì ______ dìtú.

李大中　我也要买一张地图。
Wǒ yě yào mǎi yì zhāng dìtú.

王林　咱们一起去，好吗？
__________ yìqǐ qù, hǎo ma?

李大中　好，一起去。
Hǎo, yìqǐ qù.

田中　你明天去买东西吗?
Nǐ míngtiān qù mǎi dōngxi ma?

林娜　是的。
Shì de.

我要买一辆自行车，还要买一张地图。
Wǒ yào mǎi yí liàng ___________, hái yào mǎi yì zhāng _________.

田中　你一个人去吗?
Nǐ _____ _____ _____ qù ma?

林娜　不，我跟我的中国朋友一起去。
Bù, wǒ gēn wǒ de Zhōngguó péngyou _________ qù.

田中　你的中国朋友是谁?
Nǐ de Zhōngguó péngyou shì ______?

林娜　她叫马小红，是个大学生。
Tā jiào Mǎ Xiǎohóng, shì ge dàxuéshēng.

明天我跟她一起去。
Míngtiān wǒ ______ tā yìqǐ qù.

田中　明天我也要去买东西。
Míngtiān wǒ yě yào qù mǎi dōngxi.

林娜　太好了，咱们一起去。
Tài hǎo le, zánmen yìqǐ qù.

STEP 1

녹음을 들으며 성조를 표시해 보세요.

我同学没有词典，她明天要去买一本词典。我
Wǒ tóngxué meiyou cidian,　ta mingtian yao qu mai yi ben cidian.　　Wo

有词典，可是，我没有自行车，我明天要去买一辆
you cidian,　　keshi,　　wo meiyou zixingche,　　wo mingtian yao qu mai yi liang

自行车。我还要买一张上海地图。我有一个中国
zixingche.　　Wo hai yao mai yi zhang Shanghai ditu.　　Wo you yi ge Zhongguo

朋友，叫马小红。明天我和我同学跟马小红一起去
pengyou,　jiao Ma Xiaohong.　Mingtian wo he wo tongxue gen Ma Xiaohong yiqi qu

商店买东西。
shangdian mai dongxi.

同学 tóngxué 명 학우, 학교 친구 | 和 hé 접개 ~와 | 商店 shāngdiàn 명 상점

STEP 2

본문을 읽고 해석해 보세요.

10 这本词典是谁的?

这 zhè 이, 이것	丶 亠 亠 文 文 这 这 這 이 저 这 / zhè 这 / zhè 这 / zhè	这个 zhège 이, 이것	这 / zhè 个 / ge

那 nà 저, 저것	乛 ヲ ヲ 用 那 那 那 그 나 那 / nà 那 / nà 那 / nà	那个 nàge 저, 저것	那 / nà 个 / ge

哪 nǎ 어느, 어디	丨 丨 叮 叮 叮 唧 哪 哪 哪 어기사 나 哪 / nǎ 哪 / nǎ 哪 / nǎ	哪个 nǎge 어느 것	哪 / nǎ 个 / ge

书 shū 책	乛 马 书 书 書 책 서 书 / shū 书 / shū 书 / shū	汉语书 Hànyǔ shū 중국어 책	汉 / Hàn 语 / yǔ 书 / shū

脑 nǎo 뇌, 두뇌	丿 刀 月 月 月ˊ 朋ˊ 肑 肑 胶 脑 脑 脑 뇌뇌			电脑 diànnǎo 컴퓨터		电 diàn	脑 nǎo
	脑 nǎo	脑 nǎo	脑 nǎo				

知 zhī 알다, 이해하다	丿 ㇒ ㇗ 午 矢 知 知 知 知 알지			知道 zhīdao 알다, 이해하다		知 zhī	道 dao
	知 zhī	知 zhī	知 zhī				

看 kàn 보다	一 二 三 手 手 看 看 看 看 看 볼간			看书 kàn shū 책을 보다		看 kàn	书 shū
	看 kàn	看 kàn	看 kàn				

借 jiè 빌리다	丿 亻 仁 什 件 併 借 借 借 借 借 빌릴 차			借词典 jiè cídiǎn 사전을 빌리다	借 jiè	词 cí	典 diǎn
	借 jiè	借 jiè	借 jiè				

问 wèn 묻다, 질문하다	㇔ ㇆ 门 闩 问 问 問 물을문			问题 wèntí 문제		问 wèn	题 tí
	问 wèn	问 wèn	问 wèn				

회화 01

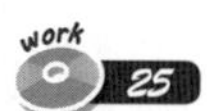

大卫 田中，这是你的书吗？
Tiánzhōng, zhè shì nǐ de shū ma?

田中 不是。
Bú shì.

大卫 王林，这是你的书吗？
Wáng Lín, zhè shì nǐ de shū ma?

王林 不是。
Bú shì.

大卫 这是谁的书？
Zhè shì shéi de shū?

田中 不知道。
_______ _________.

王林 我想，这大概是王老师的书。
Wǒ ______, zhè _________ shì Wáng lǎoshī de shū.

大卫 王老师，这本书是您的吗？
Wáng lǎoshī, zhè běn shū shì nín de ma?

王老师 对，是我的。
Duì, shì wǒ de.

大卫 我可以看一下儿吗？
Wǒ kěyǐ kàn __________ ma?

王老师 当然可以。
_________ kěyǐ.

林娜	这本词典是谁的？
	Zhè běn cídiǎn shì shéi de?

王林	是我的。
	Shì wǒ de.

林娜	我想用一下儿你的词典，可以吗？
	Wǒ xiǎng ______ yíxiàr nǐ de cídiǎn, kěyǐ ma?

王林	当然可以。
	Dāngrán kěyǐ.

林娜	我还想用一下儿你的笔，行吗？
	Wǒ hái xiǎng yòng yíxiàr nǐ de ______, ______ ma?

王林	行，没问题。你要哪支？这支还是那支？
	Xíng, méi ________. Nǐ yào nǎ ______? Zhè zhī ________ nà zhī?

林娜	都可以。
	Dōu kěyǐ.

王林	给。
	______.

林娜	谢谢！
	Xièxie!

王林	不客气。
	______ ______.

亚历山大　我可以借一下儿你的电脑吗？
Wǒ kěyǐ ______ yíxiàr nǐ de __________ ma?

李大中　　对不起，我的电脑在家里。
__________, wǒ de diànnǎo ______ jiā ______.

亚历山大　这台电脑是谁的？
Zhè ______ diànnǎo shì shéi de?

李大中　　是田中的。
Shì Tiánzhōng de.

亚历山大　她在哪儿？
Tā zài nǎr?

李大中　　不知道。
Bù zhīdào.

STEP 1　녹음을 들으며 성조를 표시해 보세요.

在李大中的房间，有两台电脑。一台是李大中
Zài Lǐ Dàzhōng de fangjian,　you liang tai diannao.　Yi tai shi Li Dazhong

的，一台是他同屋王林的。亚历山大想用一下儿李大中
de,　yi tai shi ta tongwu Wang Lin de.　Yalishanda xiang yong yixiar Li Dazhong

的电脑，可是李大中说他的电脑坏了，他让亚历山大
de diannao,　keshi Li Dazhong shuo ta de diannao huai le,　ta rang Yalishanda

用王林的。
yong Wang Lin de.

同屋 tóngwū 명 룸메이트 | 说 shuō 동 말하다 | 坏 huài 동 고장 나다, 망가지다
让 ràng 동 ~하게 하다, ~하도록 시키다

STEP 2　본문을 읽고 해석해 보세요.

那件衣服很便宜。

看&写 획순에 따라 간체자를 정확하게 써보세요.

| 衣
yī
옷 | 丶 亠 ナ ㆆ 衣 衣

衣 옷의 | | | | 衣服
yīfu
옷 | 衣
yī | 服
fu |
| | 衣
yī | 衣
yī | 衣
yī | | | | |

| 很
hěn
매우, 아주 | ㇒ ㇒ 彳 彳 彳 彳 彳 很 很

很 매우 흔 | | | | 很多
hěn duō
아주 많다 | 很
hěn | 多
duō |
| | 很
hěn | 很
hěn | 很
hěn | | | | |

| 多
duō
많다 | ㇒ ク タ タ 多 多

多 많을 다 | | | | 多少
duōshao
얼마, 몇 | 多
duō | 少
shao |
| | 多
duō | 多
duō | 多
duō | | | | |

| 少
shǎo
적다 | 丨 ㇚ 小 少

少 적을 소 | | | | 不少
bùshǎo
적지 않다 | 不
bù | 少
shǎo |
| | 少
shǎo | 少
shǎo | 少
shǎo | | | | |

怎 zěn 왜, 어째서	ノ 广 竹 乍 乍 乍 怎 怎 怎 怎 어찌 즘	怎么样 zěnmeyàng 어떻다, 어떠하다	怎 么 样 zěn me yàng

亮 liàng 밝다, 빛나다	丶 亠 宀 宁 古 亨 亮 亮 밝을 량	漂亮 piàoliang 예쁘다	漂 亮 piào liang

便 pián 便宜의 구성자	ノ イ 亻 广 伂 佰 佰 便 便 便 편할 편	便宜 piányi 싸다	便 宜 pián yi

非 fēi ~이 아니다	丨 丨 刂 弖 圭 非 非 非 非 아닐 비	非常 fēicháng 대단히, 매우	非 常 fēi cháng

钱 qián 돈	ノ 𠂉 牟 钅 钅 钅 钱 钱 錢 돈 전	有钱 yǒu qián 돈이 있다	有 钱 yǒu qián

회화 01

work
29

马小红　你看，那儿有一个商店。
　　　　Nǐ ______, nàr yǒu yí ge shāngdiàn.

林娜　　在哪儿？
　　　　Zài ______?

马小红　在那儿。
　　　　Zài ______.

林娜　　那个商店怎么样？
　　　　Nàge shāngdiàn zěnmeyàng?

马小红　那个商店不错。
　　　　Nàge shāngdiàn búcuò.

　　　　商店里有很多衣服，咱们去看一下儿吧。
　　　　Shāngdiàn li yǒu hěn duō yīfu, zánmen qù kàn yíxiàr ______.

林娜　　好，去看一下儿。
　　　　Hǎo, qù kàn yíxiàr.

马小红　你看，这些衣服怎么样？
　　　　Nǐ kàn, zhè______ yīfu zěnmeyàng?

林娜　　都很不错。　这件多少钱？
　　　　Dōu hěn ________. Zhè ______ duōshao qián?

马小红　六百五十块。
　　　　Liùbǎi wǔshí ______.

林娜　　太贵了。
　　　　Tài guì le.

马小红　你看，那件衣服很便宜，只要一百三十块。
　　　　Nǐ kàn, nà jiàn yīfu hěn ________, ______ yào yìbǎi sānshí kuài.

林娜　　对，非常便宜，可是不太漂亮。
　　　　Duì, ________ piányi, ________ bú tài piàoliang.

营业员 你们要买衣服吗？ 这儿有很多衣服。
Nǐmen yào mǎi yīfu ma?　Zhèr yǒu hěn duō yīfu.

林娜 对。这儿有不少衣服，有的衣服很便宜，
Duì.　Zhèr yǒu _________ yīfu, _________ yīfu hěn piányi,

可是不漂亮；有的衣服比较漂亮，可是太贵了。
kěshì bú _________; _________ yīfu bǐjiào piàoliang, kěshì tài guì le.

营业员 这儿还有一些衣服。你看，这件怎么样？
Zhèr hái yǒu yìxiē yīfu.　Nǐ kàn, zhè jiàn zěnmeyàng?

林娜 还可以。　多少钱？
_____ _________. Duōshao qián?

营业员 二百二十块。
Èrbǎi èrshí kuài.

马小红 (린나에게) 这件比较漂亮，也比较便宜。你买这件吧。
Zhè jiàn bǐjiào piàoliang, yě bǐjiào piányi.　Nǐ mǎi zhè jiàn ba.

林娜 好，我买这件。
Hǎo, wǒ mǎi zhè jiàn.

STEP 1   녹음을 들으며 성조를 표시해 보세요.

昨天我跟我的中国朋友马小红一起去买衣服。
Zuótiān wǒ gen wo de Zhongguo pengyou Ma Xiaohong yiqi qu mai yifu.

我们去了一家大商店。 商店里衣服很多。 有的衣服很
Women qule yi jia da shangdian.   Shangdian li yifu hen duo.   Youde yifu hen

便宜，但是不太漂亮；有的衣服很漂亮，但是太贵。
pianyi,   danshi bu tai piaoliang;   youde yifu hen piaoliang,   danshi tai gui.

我买了一件上衣，还买了一条裤子。上衣和裤子都
Wo maile yi jian shangyi,   hai maile yi tiao kuzi.   Shangyi he kuzi dou

比较便宜，也比较漂亮，我很喜欢。
bijiao pianyi,   ye bijiao piaoliang,   wo hen xihuan.

참고 昨天 zuótiān 몡 어제 ｜ 了 le 조 동작의 완료를 나타냄 ｜ 上衣 shàngyī 몡 상의 ｜ 裤子 kùzi 몡 바지 ｜ 条 tiáo 양 가늘고 긴 것을 세는 단위 ｜ 喜欢 xǐhuan 통 좋아하다

STEP 2   본문을 읽고 해석해 보세요.

MEMO

MEMO